JN192768

# 歌舞伎勝手三昧

濵田恂子

未知谷
Publisher Michitani

目次

序幕　『義経千本桜』の人物像　狐忠信を中心に　（二〇〇八年）　5
二幕目　『助六』の謎　（二〇〇九年）　27
三幕目　写楽と『忠臣蔵』二段目　（二〇一〇年）　55
四幕目　『源平布引滝』と斎藤実盛　（二〇一四年）　81
幕間　切手になった歌舞伎　（二〇〇七年）　107
五幕目　歌舞伎に見る六歌仙の諸相　（二〇一五年）　115
大詰　歌舞伎の舞台に登場する動物たち　江戸時代の庶民の人生観　（二〇一六年）　149
あとがき　217

# 歌舞伎勝手三昧

# 序幕　『義経千本桜』の人物像　狐忠信を中心に（二〇〇八年）

## 一

『義経千本桜』という演目は都内の劇場で同時に二箇所で競演になることもある。二〇〇八年七月には、歌舞伎座の昼の部では忠信を中心にした三幕が、国立劇場の歌舞伎鑑賞教室では、忠信が狐であることを顕す「河連法眼館の場」が、取り上げられて、ともに満員の盛況であり、芝居自体も観客の期待をまったく裏切ることのない内実で楽しませてくれた。二〇〇一年十一月には中村勘三郎（十八世、当時は勘九郎）が浅草の平成中村座で「知盛編」「権太編」「忠信編」に分けてほぼ通しになる上演をして、評判になったが、その同じ時に、三宅坂の国立劇場では開場三十五周年記念として市川團十郎（十二世）を中心に、中村雀右衛門（四世）や片岡秀太郎が参加して通し上演された。国立劇場では、二十五周年記念の時にも、『義経千本桜』が十一月と十二月に、第一部と第二部に分けて上演されている。この演目はどこかの幕がどこかの大劇場で取り上げられることが多く、その度に評判になる。ちなみに、この六月には歌舞伎座で中村吉右衛門が「釣瓶鮓屋」の場を出し、かつての尾上松緑（二世）を彷彿とさせる小気味がよくて、しかもほろりとさせる権太を見せてくれた。上演回数が多くても、観客としては、何回でも見たい内容をもつ芝居である。

とはいっても、ひところは、『義経千本桜』の通し上演は市川猿之助（三世、現猿翁）とその一座の独壇場のような趣があった。残念ながら、病気をしたために、近ごろでは彼の姿を舞台では見られなくなったが、独特の演技力や若手にたいする指導力にはきわめてすぐれたところがあったから、彼によって育てられた歌舞伎役者の家の出ではない役者たちのなかには、現在、中堅もしくは若手として活躍をしている人も多い。集客力も大きかった。宙乗りを始めとするケレン味の強い演出は私の好みではなかったので、たび重なると、「またか」といった気持ちにもなったが、しかしスーパーカブキなどの諸演目とともに、歌舞伎座や新橋演舞場にそれまでには見られなかったような若い観衆を集めた彼の功績は大きい。数ある古典丸本歌舞伎のなかから彼がこの『義経千本桜』を取り上げたのは、おそらく、この芝居には多様な人物像とその活躍する場面があり、かなりケレン味に富んだ演出をしても、役者に充分な演技力があれば、単なるかるわざとは違う深い印象を観客の心に残す内実が潜んでいるからであろう。

この浄瑠璃は大阪竹本座座付き作者であった二世竹田出雲、三好松洛、並木千柳によって書かれ、延享四（一七四七）年十一月に初演されたが、ただちに歌舞伎に移され、翌寛延元年五月に江戸中村座で初演された。近松門左衛門の時代から三十年近くを経て、人形浄瑠璃が全盛期を迎え、それに並行するかのように歌舞伎でも、『鳴神』『暫』など江戸の荒事芸だけでなく、筋立てのある芝居が求められるようになっていた。そのためには浄瑠璃を歌舞伎に移すのが最適である。この傾向を踏まえて、浄瑠璃作者たちも歌舞伎に移されることを想定して執筆していたと思われる。

延享三年にはこの三人に初世竹田出雲も加わって『菅原伝授手習鑑』五段が八月に大阪竹本座で初演され、大好評で翌年まで八か月にわたって続演されるとともに、その年の九月には、ただちに歌舞伎として京中村喜世三郎座で初演され、翌年五月に江戸中村座で上演された。さらに『義経千本桜』が書かれた翌年八月には、同じ三人によって『仮名手本忠臣蔵』十一段が同じく竹本座で初演、同年十二月に歌舞伎として大阪角の芝居で初演、翌年には江戸三座（中村座、市村座、森田座）で競演されたという。

時代状況を見れば、徳川吉宗から家重に将軍職が移ったころであり、個々に問題は生じていたにせよ、また、民衆一般がけっして豊かではなかったにせよ、社会を動かす力の実態は武家から財力をもつ商人に移り、庶民の娯楽である人形浄瑠璃や歌舞伎を財政的に支える階層も出現していた。

まだセリや回り舞台、がんどう返しなどの歌舞伎特有の舞台機構は実現されてはいない。そういった現行の舞台機構を考案して実現したのは、並木宗輔（並木千柳は豊竹座に移ると、並木宗輔と称した）の弟子であり、彼らの次世代とも言うべき並木正三であった。すでに花道のすっぽんという切り穴は活用されていたが、舞台機構を用いて観客を驚かすにはいたっていない。だが、それだからこそ、演劇として人間性を深く多様に描き出す作品の展開が要請されたのでもあろう。舞台で描き出される場面は、時代物として定められた様式にしたがっていても、三大時代物と呼ばれるこれらの作品には、人間として誰でもの共通の思いを観客の胸にしみ込ませるものがある。舞台の仕掛けを充分に利用した十九世紀初頭の鶴屋南北による怪談物や、また幕末から明治にかけて芝居作者として一世を風靡した河竹黙阿彌の白浪物などは、それなりの面白さに溢れてはいても、観客である世間一般の人間にとっては、いわば、別世界の異色の人物たちが繰り広げる物語であり、共感を抱くことにはならない。この点については串田和美による『串田戯場——歌舞伎を演出する』（ブロンズ新社二〇〇七年）に詳しい。人間性を多様に、しかも普遍的に誰にでも妥当するように描き出しているという点では、上記の時代物に軍配をあげたいと思う。

## 二

『義経千本桜』の義経は、タイトルに謳われていても、けっして主役ではない。彼はしばしばしば舞台に登場するが、しかし脇役もしくは端役、つまりは全体の場面を転換していく狂言回し役に過ぎない。主要な役は、先に中村勘三郎が平成中村座で上演した場合の主役三人、すなわち、平知盛、いがみの権太、そして忠信である。ただし、この三人が舞台で顔を合わせることはない。五段物として構成されているこの芝居の序段は「大内山」「北嵯峨庵室」「堀川御所」の三場によるらしいが、最初の二場は歌舞伎では上演されることはない。「堀川御所」が上演されるのも珍しい。だが、この場があると、義経が都を立ち退くいきさつも、また、弁慶が思慮の足りない荒々しい振る舞いをして、義経の怒りを受けていたこともわかる。さらに、冒頭の「大内山」が演じられれば、後白河法皇による「頼朝を討て」という勅命を暗示して、桓武天皇の時代から朝廷に伝わる初音の鼓が義経に与えられた経緯も明らかにされるし、また「北嵯峨庵室」の場では、そこに潜んでいた平惟盛の御台若葉内侍が一子六代君とともに、若侍である主馬小金吾を供に連れて、惟盛を尋ねて高野山に向かうことになる成り行きも示されるのであろう。鼓の由来は忠信や義経によって随所で語られるが、観客に明瞭に伝わっているとは思われない。三段目の下市村の「すしや」に若葉内侍が六代君とともに現れる場面など、その前に小金吾が討ち死にをする立ち回りの場面も、それだけでは、何となく唐突な印象を受ける。

二段目の最初が「伏見稲荷鳥居前の場」、たいていは略して「鳥居前」という。ここまで義経を追ってきた静御前は武蔵坊弁慶にたいする義経の怒りを解いてやるが、これからの行方定めぬ長旅は女性には不可能であろうから、という理由で静自身は都に帰るよう、義経から言い渡される。それでもつきしたがおうとする静を、形見として与えた初音の鼓の調べ緒で、紅梅の木に縛りつけて、稲荷参詣のために義経一行は舞台の上手に姿を消す。木に繋がれた静が一人残るところに鎌倉方の追っ手である早見藤太が軍兵を引き連れて来る。これは道化役である。彼らが静を召し捕ろうとするところに、「待てェェ」と大声を挙げて佐藤忠信が初めて姿を見せて、軍兵を追い散らし、早見藤太を踏み殺す。この忠信は髪形からして何か異様な雰囲気を湛えている。

参詣を終えて戻った義経一行に再会した忠信は、故郷出羽にいる母の病気見舞いのために暇を賜ったが、母も本復したので、京に戻る途次で、鎌倉と不和になったいきさつなどを知ったと物語る。義経は、彼の兄佐藤継信の忠義の死に報いるためもあって、着長《きせなが》（鎧のこと）を忠信に与え、また、源九郎義経と名乗って、まさかのときには義経に成り変わって敵を欺き、静を同道して都に止まるよう、命じる。

義経は供を引き連れて、大物浦から船で九州に落ち延びるべく立ち去り、舞台には嘆きに沈む静と忠信が佇む。やがて静も形見の鼓を手に京に戻るべく、花道を去る。その後を追って忠信も花道にかかるが、そこで狐の変化《ヘンゲ》が舞台に出入りする時に鳴らされる雷序になり、忠信は狐六法を踏んで引っ込む。再び彼らが現れるのは、しかし、ようやく四段目になってからである。

二段目は「摂州渡海屋の場」「同大物浦の場」となる。この二場は能『船弁慶』後半のアレンジでもある。能では壇の浦で入水した平知盛の亡霊が現れて義経の船の渡航を妨げるが、歌舞伎では知盛は生きていて、渡海屋銀平という船主に身をやつしている。安徳天皇も女の子の姿でそこに匿われている。そうとは知らずに、渡海屋の船に乗るために義経の一行が舟場に向かうと、能『船弁慶』の一節が謡われて、知盛らは本来の姿に戻る。彼らは沖の船に移るが戦況は思わしくなく、ついに知盛は碇の綱を身に巻きつけて勇壮な死を遂げる。だが、安徳天皇は生き延びて、義経に託される。

三段目の舞台は下市村であり、いがみの権太の活躍とその哀れな死が演じられる。彼の父弥左衛門は平重盛から受けた恩義により、鎌倉方に狙われているその子惟盛を手代の弥助として匿っている。娘のお里は彼を慕っているが、そこに御台若葉内侍と若君六代君が宿を求めて来る。供の小金吾はすでに「椎の木」の場で立ち回りのすえに討ち死にをしていた。褒美を貰おうとする権太の振る舞いは、自分の妻と子を犠牲にして、惟盛たちを救うものであったが、そうとは知らぬ弥左衛門は権太を刺し殺す。「いがみ」と謗られていた権太という人物がいつから惟盛たちに味方をしていたのか、その心根は謎である。

大物浦で海が荒れ、義経の一行は九州には渡れず、吉野に赴いたらしい、という噂を耳にしたのであろう。静と忠信も吉野に向かう。四段目の舞台は吉野、花の吉野山である。鳥居前では梅が咲いていたのに、すでに桜の時期になり、まさに千本桜、義経千本桜である。

吉野山はいつのころから桜の名所になったのであろうか？　すでに七世紀後半には、壬申の乱にからむ天武天皇が一時ここに隠棲した。西行が結んだ庵は山の頂上近く、上千本よりもさらに上の奥千本のあたりにあったらしい。義経が身を寄せたのは、蔵王堂で有名な金峰山寺から少し登った中千本の谷の上にある吉水院であったという。ここは南朝を開くことになった後醍醐天皇の行在所にもなった。山の標高は千メートルにもならないが、その険しさが修験道ともなり、また、敵を簡単には寄せつけない天然の要害を形成してもいたのであろう。余談ながら、昔の人は、みな、足が達者だったのだな、とも思う。

四段目は静と忠信による鼓の名にちなんだ「道行初音旅」（吉野山）で始まる。京育ちの静にとって、この旅は、さぞ難儀なものであったろう。この道行き冒頭の「恋と忠義はいずれが重い」という句は、ひたすら恋に生きた静の心を示している。

彼らは義経が匿われている川連法眼の館に辿り着く。そこでいわゆる四の切（四段目の切）「川連法眼館」の場になり、人間の忠信と狐の忠信とが鉢合わせをする羽目にいたる。この場が有名であり、面白い。だが、四段目では、「道行」と「法眼館」との間に、一山の主立った僧侶が集まって、義経を匿うべきか、について協議する「蔵王堂」の場があるらしい。この場が演じられることはないらしいが、「法眼館」の幕が開くと、まず花道から川連法眼が登場するのは、この協議から帰宅したからであり、出迎えた妻飛鳥とともに、義経を守り通す決意を語り合う。

五段目の「吉野山中」は、義経と横川覚範になった平教経との対決の場である。この幕が独立して演じられるのも稀であり、時によっては、「法眼館」に続けて場面を転換し、「奥庭」として桜の立ち回りを見せることもある。

## 三

冒頭で述べたように、この七月に歌舞伎座では「鳥居前」「吉野山」「川連法眼館」が、国立劇場では「河連法眼館」の場が演じられた。ちなみに、歌舞伎では川連法眼、原作の文楽浄瑠璃では河連法眼と書くらしいが、国立劇場では原作を重視しているのであろう。取り挙げられた場からして、いずれも忠信が軸であり、歌舞伎座では市川海老蔵が、国立劇場では中村歌昇（現又五郎）が演じた。

「鳥居前」の場が口開けに出ると、義経と別れて静が鼓を携えて忠信と連れ立っている理由も、よくわかる。しかし重要な役割である静にそれほどのしどころがないままに、梅の木に括りつけられたりするので、「道行」や「法眼館」で静を演じる大幹部役者がこの場の静の役を引き受けることは滅多にない。今回も後の二場は坂東玉三郎が静を演じたが、「鳥居前」では市川猿之助（現猿翁）が育てた市川春猿の静であったが、それがとても可愛らしかった。もちろん、忠信は海老蔵であり、若々しい狐六法の引っ込みを見せてくれた。

よく語られることだが、『義経千本桜』の「義経」を「ぎつね」もしくは「きつね」と読めば、この芝居は『きつね千本桜』である。平知盛にしても、いがみの権太にしても、それぞれを中心にした舞台は内容に富んでいて、観客は深い感銘を受けるし、演じる役者は大変ではあろうが、実力を充分に発揮できて、いい気持ちで舞台を勤められるであろう。だが、作者たちが意識してこの外題を選んだのかどうかはわからないが、役者のすぐれた技量をもっとも強く観客に印象づけるのは、この狐忠信という役だ、と私は思う。

国立劇場の場合には「河連法眼館」のみの上演であったが、歌舞伎鑑賞教室の恒例による解説で、この場にいたるなりゆきと源九郎狐の伝説にからまる佐藤忠信について「鳥居前」の場の一部をかいま見せ、また、狐の縫いぐるみを使ったりもしながら、この芝居の世界への導入をはかっていた。これはいい企画だと思う。多くの場合に、歌舞伎では通し狂言として上演されず、その一幕だけを取り上げるので、話がわからない、という声もあるが、上演時間から言っても、役者の顔合わせ具合から見ても、つねにどの演目もあらゆる劇場で通し上演をすることは不可能である。見取《みどり》というらしいが、それぞれの芝居の重要な、もしくは興味深い場だけをとりあげて、時代物一幕、中幕舞踊、世話物一幕といった興行形態が、すでに十八世紀後半には通例になってもいた。いいところだけを取り上げる「選り取り見取り」からこの呼び名がついたという。娯楽の少なかった時代である。芝居を楽しむ観客の多くは通し狂言の筋をあらまし知っている、ということも前提にされていたのであろう。

現代では娯楽は多様化した上に、暇もあまりない。いくぶんでも知っていたり、馴染んでいれば、都心で時間が空いたとき、歌舞伎座で幕見を楽しむこともできよう。だが、知らなければ、また、話しに聞いたことはあっても、行ったことがなければ、閾が高くて、ということにもなろう。歌舞伎や能狂言の舞台をまったく訪れることなしに首都圏で一生を終わる日本人も珍しくはないに違いない。これは、まことに、もったいないことだと思う。楽しみのあり方などを考えると、歌舞伎の世界を開かれたものにするだけでなく、二時間あまり、つまり映画一本くらいの時間で、それよりはいくぶん高いくらいの値段で、芝居に馴染ませて楽しませるようにする歌舞伎鑑賞教室という企画は極めて貴重である。

七月の『義経千本桜』がその第七四回というから、この企画はかなり以前から行なわれていたことになる。私もチラシなどを目にしてはいたが、高校生などで客席がうるさいのではなかろうか、と敬遠していた。だが、六月に『神霊矢口渡』「頓兵衛住家の場」が取り上げられることを知り、見たくなった。平賀源内によるこの芝居は『太平記』に題材を取り、矢口で無念の死を遂げた新田義貞の次男義興の弟義峰と渡し守頓兵衛の娘お舟との物語であり、元来は人形浄瑠璃であるが、歌舞伎で通しで上演されることはなく、たまにこの場が取り上げられるに過ぎない。片岡孝太郎のお舟は可愛くて凛々しく、片岡市蔵の頓兵衛は見事に憎々しく、解説を担当し、さらに新田義峰および義興の霊を演じた坂東亀寿もすなおに演じて、全体として好感を抱ける舞台を見せてくれたが、残念ながら、客席の反応は鈍かった。

これは演目の選び方の問題であろう。『太平記』も南朝の忠臣新田義貞も、もしかすると平賀源内でさえ、「知らない」という人も多いのではなかろうか？　それでも私自身にとっては充分に満足した舞台であったから、他の人に見るように勧めるとともに、『義経千本桜』の「法眼館」も楽しみにしていたのである。

こちらは満員の盛況である。義経であれば、「知らない」という人は少ないのであろう。歌舞伎には馴染みの無さそうなジーンズ姿のお嬢さん方が溢れていて、どうなるのか、と開幕前にはいささか心配をしたが、それは危惧に過ぎず、幕が開いた途端に「きれい」という囁きがあちこちに聞こえたりして、客席全体が舞台に引き込まれていった。

## 四

正面には館があり、上手では一本の桜が満開である。舞台の美しさを背景にして、その美しさを凌駕するほどに楽しくてしんみりとした芝居を中村歌昇（現又五郎）をはじめとする役者たちは見せてくれた。歌舞伎鑑賞教室ということから言っても、中村富十郎（五世）に教わって音羽屋系の演出――二世尾上松緑の型――で演じる、と歌昇が語っているところからも、きわめてオーソドックスで行儀のいい舞台であった。

　郷里出羽で母を看取ってから、ふたたび義経のもとに駆けつけた佐藤忠信が館を訪れる。狐ではなくて、人間の忠信がここで初めて登場する。そのことがうすうすながらわかるのは観客であって、義経も忠信自身も狐忠信の存在を知らない。義経から静のことを尋ねられても、忠信には何のことか、皆目わからない。そこに、また、静と忠信の到着が告げられる。花道から静だけが舞台に現れて、すでにそこにいる忠信の服装や佇まいが自分の供をしていた忠信とは違うことに気づく。不審の念を抱いた義経は亀井六郎と駿河次郎に取り調べを命じる。この二人に左右を囲まれて刀の下げ緒を手にしながら揚げ幕の方を睨み付けて舞台の上手に引き上げる歌昇（又五郎）演じる忠信は大きく立派な武将ぶりであった。

「河連館の場」の狐忠信は観客の意表をついた出をする。旅の途中でも忠信が姿を消した時、静が鼓を打つと、心ここに在らずといった面持ちで、どこからともなく彼は現れた、と云う。ここでもそのようにすると、……芝居では、花道の照明がつき、揚げ幕の係が大声で「出があるよ」と叫ぶ。照明がいまのようではなかった昔は、花道からの出がある時には、係がそのように声を挙げて、観客が見落とさないよう、注意したらしい。もちろん、「熊谷陣屋」の直実の出などは黙したままだったと思われる。現在では揚げ幕からの出がある時には、花道に照明がつくので、おのずと観客はそちらに眼を向ける。「出があるよ」という叫び声が必要なのは、この館での狐忠信の出にたいしてだけである。

この叫び声が挙がれば、素直な観客は揚げ幕に眼を向ける。しかし忠信はそこからは出てこない。照明が消え、怪訝な面持ちで観客が舞台を見ると、館の正面の階段で横になって鼓の音に忠信はうっとりと聴き惚れている。揚げ幕の叫び声などに気を取られず、階段の仕掛けを睨んで忠信の出をしっかりと見極めるためには、この場を少なくとも数回は楽しむ必要がある。

だが、忠信役者は大変であろう。人間の佐藤忠信は久しぶりに主君義経に目通りするのであるから、生締の鬘に織物の長裃姿である。これが颯爽としていなければ、忠信ではない。静がもう一人の忠信を詮議することになり、舞台の上手に引っ込んだ忠信はただちに狐忠信に変身しなければならない。狭い階段のところに現れた忠信は下に狐の本性を顕した時の白い房のようなものがいっぱい付いた衣装、さらにその下には肩脱ぎになった時の白地に狐火柄の襦袢を着ているが、上には薄紫の小袖に腰のあたりは濃い青に祇園車崩しといった大きな模様があり、裾にかけて白くぼかしになる長袴を重ね着している。もちろん、鬘も付け替える。この衣装替えは、狐の本性を顕かにする手始めである。

静が打つ鼓の音にしおしおと庭に降り、力なく手をつかえて、狐の忠信は自分の身の上を語るが、問い詰められてやむをえず語らされた、というのではなく、本物の忠信が現れたからには、このままでいては、彼に迷惑がかかるであろう、と推測し、もはや、これまで、と彼はいさぎよく退散する気持ちを固めていた。

この忠信の両親は桓武天皇のとき、雨乞いのために、大和の国にいた千年の歳を経た牝狐牡狐を狩り出してその皮で拵えた鼓、いま静が手にする初音の鼓であった。鼓は忠信の親、忠信は鼓の子である。「鳥居前」で静を救いに彼が姿を現したのも、静の供をせよ、という義経の命にしたがったのも、鼓になった自分の親につきしたがいたい、という思いによるのであった。

甲高い声で語尾を引くような狐言葉でこの物語をしながら、忠信は庭から手すりを越えて座敷の奥に移り、床下に姿を消して縫いぐるみの狐の扮装に変わって現れ、鼓との別れを名残惜しみながら下手の柴垣に飛び込む。陰でこの話を聞いていた義経が舞台に現れて、狐を呼び戻すために静に鼓を打たせるが、もはや鼓は音をたてない。親狐も別れを悲しんでいるのであろうか、と同じく親との縁の薄い義経が身につまされ、静も涙にくれると、また、どこからともなく狐が出現する。義経は狐に褒美として鼓を与え、狐はありがたく懐かしく鼓をおしいただく。狐がふたたびここに現れたのは、一山の僧侶が館を夜討にする企てをしているので、義経一行を逃れさせるためであった、と語り、狐は火焔模様の肌脱ぎになり、悪僧たち、すなわち、道化方の化かされ衆徒たちを散々に嬲りながら、鼓を大切に抱えて満開の桜の木に高く登り、消えて幕になる。

この忠信の二役を演じるのは今回が初めてとは思えないほどに、きめの細かい深みのある舞台を中村歌昇（又五郎）は見せてくれた。彼がまだ光輝と名乗っていた頃、中村勘九郎（十八世勘三郎）が中心になって子役による白浪五人男の稲瀬川の勢揃いが歌舞伎座で取り上げられたが、彼はその時に忠信利平を達者に演じていた。その後も着々と腕をみがいて、安心して楽しめる役者の一人になっている。女形には向かないが、運動神経も天性すぐれているのであろう。何年か前に『操三番叟』を見事に踊って楽しませてくれた。このようなところからすれば、狐になってからの動きにかるわざのようなケレンを加味しても、彼であれば、演技のなかで充分にこなせるであろう。しかし、そのような動きを今回は一切おさえて、品の高い情のこもった表現を心がけたと思われる。昨年三月に歌舞伎座で『義経千本桜』が通し上演された時の忠信は尾上菊五郎であり、まさしく音羽屋の伝統を引き継ぐものであったが、それを歌昇（又五郎）は単になぞっただけでなく、充分に自分のものにして演じきっていた。

## 五

同じ七月に歌舞伎座で演じられた『千本桜』で特筆したいのは、「吉野山」の道行である。この舞踊は、時代物と世話物との間の中幕として単独に取り上げられることも多い。舞台は花の吉野山、若い美女と美男が思い出を語り合いながらの旅である。幕切れ近くに早見藤太（もしくは笹目忠太）と花四天を出して賑やかに終わることもある。観客は「鳥居前」の別れも

「法眼館」での忠信の見顕しも括弧にいれて、この場の美しさを楽しむことになる。

だが、この道行は若い男女の恋物語ではない。この点では、同じように中幕として扱われることがある『仮名手本忠臣蔵』四段目の後の「道行旅路の花婿」とは根本的に違う。こちらは本来の人形浄瑠璃には存在せず、歌舞伎に移されてから加えられた。『忠臣蔵』本来の道行きとしては八段目の「道行旅路の嫁入」がある。しかし由良之助の子力弥に嫁ぐために加古川本蔵の娘小浪が母戸無瀬に伴われて山科を目ざして東海道を下る道中は、おかると勘平の駆け落ちによる「旅路の花婿」のような華やかさはないので、歌舞伎で通し上演する時、「旅路の嫁入」を省略し、「旅路の花婿」が演じられたりもする。

情景だけを表面的に見れば、「吉野山」と「旅路の花婿」は似ている。おかると勘平という恋仲の二人にしても、彼らを待ち受けているのは過酷な運命である。しかしここではっきりさせておかなければならないのは、静と忠信は恋仲ではなく、あくまでも主従関係なのである。このことを明瞭に示したのが、坂東玉三郎と市川海老蔵による「吉野山」であった。

通例では、歌舞伎の「吉野山」の道行きは、清元と竹本の掛け合いで演じられる。だが、今回は竹本だけ、つまり、浄瑠璃本来の姿に戻した。それによって「女雛男雛と並べて」という清元の歌につれて静と忠信とが立ち雛のように重なった振付で、あたかも二人が恋仲であるかのように誤解させるところはなくなった。

幕が開くと、吉野に向かう花の大和路に玉三郎の静が立ち尽くしている。またもや、忠信はどこかで道草を喰っているのであろうか？　やがて彼女が鼓を取り出して打ち鳴らすと、花道のすっぽんから忠信は、心ここにあらず、といった風情で姿を見せて、遅れたことを詫びる。忠信が義経から受けた鎧の上に初音の鼓を飾り、二人はしばし思い出にふけり、涙にくれたりもしたが、気を取り直し、吉野に向かって歩みを進める。

地が竹本であるから、役者が自分でせりふを語ることはなく、純粋に所作事として演じられたが、そのなかで忠信はすっぽんから現れるなど、時として人間ではなく、化生のものである表現も見せる。山道にはいるためにふたたび身ごしらえをして、静が笠をもつと、縫いぐるみの狐が現れ、口にくわえた杖を渡すが、彼女は狐とは気づかずに受け取る。狐が桜の木を回ると、忠信に戻っている。この演出は初めて見た。吉野をさして行く二人を舞台中央に残して幕になる。凛とした格調のある一幕であり、「鳥居前」の場と「法眼館」の場をつなぐ意味を明瞭に示していた。

海老蔵は続く「法眼館」を澤瀉屋、すなわち、市川猿之助の型で演じた。舞台の館の造りにもいくぶんの違いがある。この型では、狐になってからの動きに観客の眼を奪う趣向が凝らされているので、前半の佐藤忠信は軽く演じられているかのようである。もちろん、佐藤忠信も狐忠信も、ともに海老蔵が演じているが、義経に詮議を命じられた亀井六郎と駿河次郎にはさまれて上手に入るところなど、歌昇（又五郎）のほうが堂々としていた。これは年齢による経験の差であろう。とはいえ、歌昇（又五郎）は「河連法眼館」を今回はじめて演じたのに比して、若い海老蔵がこの型ですでに三度目になることからすれば、この経験の差は舞台歴によるだけではない。彼は祖父である十一世市川團十郎に似た美男子の面差しだけでなく、父である十二世團十郎がもつ荒事に向いた風貌もそなえた御曹司役者である。大きい役者になるであろう、という期待も寄せられ、役にも恵まれているが、それとともに、重い責任もその肩にかかっている。

静が打つ鼓の音につれて忠信が階段に姿を顕すのは、音羽屋型の場合と同じである。若くて体格のいい海老蔵が厚く重ね着をした衣装で狭い階段の間から舞台に出て来るのは大変であろう。狐である、という本性を明かしてからは、その体躯を生かして、舞台狭し、とばかりに庭や館の座敷だけでなく、壁を抜けたり、床下や天井裏まで飛び回り、鼓をありがたく押しいただいて、吉野の荒法師どもを館に引き入れ、さんざんに愚弄して退散させて、宙空に飛び去って幕になる。

たしかに、これは見ていて面白い。舞台での狐の動きだけでなく、一旦引っ込んでから、今度はどこからどのようにして登場するのだろう、ということなども観客をわくわくさせる。市川猿之助（猿翁）がこの型で二十年前後も、歌舞伎座を始めとして、全国の主立った劇場で再演して、大入りを取り、それまで歌舞伎には縁がなかったような若い観衆にも強くアピールしたのも頷ける。

しかし情の深さを感じさせてくれた点では、歌昇（又五郎）に分がある。すぐれた芝居は動作やせりふの根底に潜む情を写し出していなければならない。その写し出し方によって、その品が定まる。動きが多ければ、表面的には派手に見えても、そこに潜む情が乏しければ、内実は空虚になる。動きを抑えたところから表現されて来る内実が大切なのではなかろうか？　動くこと、場面を多くすることによって、内容が希薄になる危険もある。そんなことを感じた一例をあげれば、狐が引っ込んだ瞬時に上手の窓から佐藤忠信が姿を見せた時である。これは猿之助（猿翁）もやっていた。早変わりの趣向であり、観客へのサーヴィスであろう。だが、なぜ忠信が窓から座敷を覗かなければならないのか？　亀井と駿河による詮議が終了したことを示すつもりなのか？　庭の騒ぎを見たくなった、というのであれば、忠信という人間を軽くするだけである。

## 六

佐藤忠信は兄継信とともに義経にとってきわめて重要な家来であった。このことは「奥庭の場」でも示される。前年三月の尾上菊五郎を中心にした通し上演ではこの場も演じられた。原作の浄瑠璃では五段目になるらしい。ただし、歌舞伎では、その時によって、内容をかなり自由に変化させる。

狐が館に引き入れた荒法師どもを率いていた横川覚範も川連法眼の真意を探るために館に来るが、やはり狐の眷属に悩まされているところに、義経が静や忠信、亀井、駿河、片岡八郎、伊勢三郎などを引き連れて現れ、覚範が平教経、すなわち能登守教経であることを見破る。勝負を挑む教経にたいして、「佐藤継信の追善に今日はその命を助ける」と義経は述べて、舞台にはまったく登場することのない継信の名のもとに、たがいに再会を約し、「本日はこれぎり」と幕にする。

この場の忠信は終始武将の佐藤忠信であった。義経が「鳥居前」で忠信に鎧を与えたのは、義経の身代わりになって撃たれた継信の死に報いる気持ちによるものであったが、その時の忠信は狐であった。狐という動物は親子の情が深いのであろうか？『義経千本桜』の通奏低音とも言えるこの奇想天外な構想はシェイクスピアにも見られないものだ、というのは、菊五郎の忠信を一緒に見た友人の感想である。

古来、日本人の意識のなかには、平等という観念はなくても、人間と他の生物を絶対的に区別することはなかったと思われる。生きとし生けるもの、といった命を尊重する観念が基本的に見られた。『義経千本桜』という芝居にはこの生命観にもとづく世界の広がりがある。人間は、神の創造の最後に神の似姿として造られたものとして、自然の支配者である、という西欧的な人間本位な差別観念に染まることなく、自然環境に包まれて、ありとあらゆる存在と宥和して、人間は生存していたのであろう。この世界の広がりは自然環境におよんだだけではない。死もまた、たやすく乗り越えていた。平知盛、平惟盛、平教経など、死んだとされた平家方の人々が生きた存在として扱われ、安徳天皇も義経が守ることになる。実在した人間を扱いながら、作者たちは自分たちが想い描く人物像をそれぞれに投入して活躍させた。滅びゆくものへの追悼でもあろうが、異界との障壁など、あってなきかのように往き来したのである。

だが、最後に指摘しておきたいのは、この芝居について表立って語られることがほとんどない批判意識についてである。義経が初音の鼓を所有していたのは、後白河法皇から「兄頼朝を討て」との内意による、と「鳥居前」でも「法眼館」でも語られている。「兄を討つことはできない、だから自分ではこの鼓を打つことができない」と義経は言う。肉親の縁の薄かった義経の悲しい定めであろう。平家追討を源頼朝に命じたのは後白河法皇であった。義経は頼朝にしたがって平家を討った。その結果、源氏の勢力が強まるのを危険視した法皇は、今度は義経に頼朝を討たせようとする。身の保全のためには不法不義をかえりみず、平家と源氏を好きに操って生き延びた大天狗の化身とも言うべき後白河法皇という存在に対する批判、人を人とも思わず、生命を蔑ろにする権力にたいする批判がこの芝居の根本的なモチーフの一つではなかろうか。貴人に情なし、という諺もある。情のない貴人とは異なって、庶民の情の深さがこの芝居の根底をなしているとみても、あながち、芝居を深読みしすぎたことにはならないであろう。

# 二幕目　『助六』の謎（二〇〇九年）

## 一

歌舞伎十八番は、江戸歌舞伎狂言の代表作として七代目市川團十郎（一七九一〜一八五九）によって、初代團十郎（一六六〇〜一七〇四）以来の市川家の荒事芸を整理して制定された、と伝えられるが、その内実は定かではない。初代から七代目にいたるまでには百年以上の開きがあり、その間に舞台機構などの変化とともに、初代が演じた作品の様相も変容してきただけでなく、七代目の時点ですでに消滅したかのような演目があったとしても不思議ではない。

現在でもきわめて頻繁に取り上げられる『勧進帳』は、初代團十郎によって元禄十五（一七〇二）年に『星合十二段』という狂言題名で上演された（西山松之助著作集第七巻『江戸歌舞伎研究』吉川弘文館一九八七）らしいが、当時、それがどのような形態で演じられたのかは私にはわからない。いま、私たちが楽しむ『勧進帳』の舞台は七代目によって能の『安宅』を参考にして、もしくは模して、作り上げられたものとして伝えられている。『暫』と『鳴神』も初代が初演したとされてはいる。

『助六』や『毛抜』を初演したのは二代目團十郎であり、これらも上演されることはかなり多い。『矢の根』や『景清』（ともに二代目が初演）、さらに『鎌髭』（四代目初演）なども私は見たことがあるが、これらの作品も七代目による制定以来いつも上演されて継承されてきたのではなく、途絶えていたものが、明治以後に復活、上演されているらしい。十八番とされる他の演目では『不破』『不動』『嫐《うわなり》』『象引』が初代によって初演され、『外郎売《ういろううり》』『押戻』『関羽』『七つ面』は二代目による初演、『解脱』と『蛇柳』を初演したのは四代目とされている。

これらがすべて独立した演目であったのかどうかはわからない。『外郎売』は『助六』の前半で小田原の妙薬である外郎の「言い立て」として語られたらしいが、上演にあたってはその辺りを削除することが多くなり、途絶えていた。だが、近年になって新たに独立した一幕物として演じられている。

『押戻』も独立した演目ではなく、荒れる怨霊を押し戻す荒事であり、現在では時おり『娘道成寺』で鐘入後に演じられる。鬼女になった怨霊を押し戻すのである。すでにはるか昔になったが、六代目中村歌右衛門の『娘道成寺』で七代目坂東三津五郎が「押戻」で付き合ったのが、いまだに私の目に残っている。

『象引』『七つ面』も復活が試みられてもいるが、上演にあたっての台本は錦絵などを参考にした新作らしい。『関羽』や『不破』も復活されたのかもしれないが、私は見たことがない。『不動』は『鳴神』や『毛抜』とともに、『鳴神不動北山桜』として通し上演される時の締め括りのような一幕であるが、独立した演目にはならない。『蛇柳』『嫐』『解脱』などは、いずれもその内容が定かではなく、独立した演目であったかどうかも断定できないらしい。想像をたくましくすれば、『嫐』はその題名からして、先妻と後妻との間の女武道による荒事であろう。市川家歌舞伎十八番は、十八の独立した演目というよりも、十八の役柄であった、と見るべきであるのかもしれない。

いずれにせよ、江戸三座で演じられた歌舞伎十八番は市川家歴代相続の寿狂言として制定されているので、現存する舞台のほとんどが明るく勇壮であり、上方の和事とは異なった江戸の荒事の雰囲気にあふれていて楽しい。上演の所要時間に長短はあるが、基本的に一幕ものである。よく知られた『勧進帳』を別にすれば、『鳴神』では雨乞いのために宮中から遣わされた美女が鳴神上人を堕とす、というような顚末はあるにしても、話の筋よりは、『暫』に代表されるような、稚気にあふれた若者がその優れた豪勇で悪を退治し、善人を救出して、めでたしめでたしで終わるという他愛のない勧善懲悪劇の形態をとるものが多い。だが、そのなかで『助六』はいささか異色である。

助六は力の漲る勇壮な武者として舞台に現れるのではない。優男ではないが、すっきりとして江戸前の美い男、まさに浅草花川戸の伊達男である。この芝居を見た辰野隆らがシラノ・ド・ベルジュラックに倣って、ハナカワ・ド・スケロクと書くのがふさわしい、と語ったことが伝えられているのももっともである。ただし助六とシラノでは、その風貌はまったく異なるが……

舞台は吉原花の五丁町、すべての花魁の憧れの的である助六は花魁のなかの花魁である揚巻太夫の恋人である。助六の母曽我の満江や兄で白酒売りに身をやつした新兵衛（もしくは七兵衛）なども現れて、助六すなわち五郎、新兵衛すなわち十郎による曽我兄弟の仇討物語であり、揚巻に片思いの老人髭の意休が仇役である。話は簡単であるのに、往来する人々や物売りなどが次々と登場して、あたかも吉原の賑わいが紹介されているかのようであり、上演時間は現在でも二時間前後に及ぶ。それでも『名作歌舞伎全集』第十八巻（東京創元新社一九六九年）や『歌舞伎十八番集』（日本古典文学大系、岩波書店一九六五年）などで『助六』の台本を読むと、現行の上演では前半のかなりの部分が省略されていることがわかる。だが、省略される部分があると、なぜ後半になって突然、助六の兄で白酒売り新兵衛すなわち曽我十郎が現れるのか、なぜ満江が揚巻とともに三浦屋の暖簾から出てくるのかなど、見慣れているので不思議とも感じなくなっている場面の経緯も明らかになる。ここでは、台本を通して全体の成り行きを追ってみたい。

## 二

下座三味線のすががきで幕が開くと、吉原仲の町三浦屋格子先の場、下手寄の三間の大格子のなかには簾がかけられ、その上手寄りに三浦屋と染めた大暖簾のかかる破風屋根の入り口がある。下手には天水桶の上に手桶が積み重ねられている。毛氈をかけられた大中小の床几が舞台中央に都合よく並べられ、男伊達四人が上手の床几で煙草を吸っている。上手下手から提灯を持った茶屋女、杖をついた按摩、仕出し、吉原見物の田舎侍、町人などがうちまじり入り乱れるなかに、紙衣姿で曽我の満江が現れ、花道から登場した白玉太夫や遣手のお辰に、揚巻に会いたい、と述べている。そこに、男伊達姿のかんぺら門兵衛、奴姿の朝顔千平も登場し、話に加わる。この二人は髭の意休の子分であり、満江に手出しをしようとするが、それを白玉は押しとどめて、満江を下手にそっとさがらせる。門兵衛と千平らは暖簾口に入り、お辰や男たちが何か呑みたいものだ、と話しているところに、白酒売り新兵衛が揚幕から現れ、花道で白酒の言立てを述べて、本舞台に来て白酒商売、それに酔っぱらったお辰を男たちはからかいながら、花道に逃げていく。新兵衛は助六を探している。それを承知の白玉が意休に呼ばれて花道にはいり、残った新兵衛も臆病口に入る。

舞台が静かになり、上手から袴姿の後見が出て口上を述べて引き下がったのち、浄瑠璃につれて、上手からは五人、花道から四人ほどの傾城が登場し、本舞台に華やかに並ぶ。外郎売りも現れて、舞台の中央で薬の言立てをして上手に入る。そうしているところへ花道から揚巻が禿や大勢の新造、若い者を引き連れて悠然と出て来る。見事な裲襠《うちかけ》や前結びの帯、髪飾りなど、その拵えの総重量は四十キロを超える、というが、さらに三〇センチも高さがありそうな黒塗りのぽっくり下駄で酔態の千鳥足である。それにもかかわらず、「それほどの酒にも、慮外ながら憚りながら、三浦屋の揚巻は酔わぬじゃて」と花道の七三で強がりの見得を切り、本舞台に歩みを進めたところに、臆病口から満江が現れる。彼女が助六の母であると知った揚巻は若い者に命じて満江を自分の部屋に案内させる。そこに白玉と意休が花道より登場する。揚巻が数々の悪態を浴びせ、意休はそれに烈しい憤りを見せる。揚巻は花道に立ち去ろうとするが、白玉はそれをたしなめて揚巻とともに暖簾口のなかに入る。

舞台では派手な裲襠姿の傾城たちが奥の床几に並び、その周囲に若手の新造たちが控えるなかに、長い白髭をはやした意休が上手の床几に坐を占める。彼は財富をひけらかすような衣装を身に着けているが、しかし品のいい貫禄がそなわっている。ちなみに、歌舞伎の衣装でいちばん値段が高いのはこの意休の着衣であろうと、十代目坂東三津五郎は語っている(『歌舞伎の愉しみ』岩波書店二〇〇八)。まず「黒繻子格天井縫白繻子裾二枚付着付」という絢爛たる細かい刺繍の衣服で現れ、一度三浦屋に入ったのちに着替えて出て来たときも、やはり豪華な絢爛たる装いである。だが、そこに河東節の浄瑠璃につれて助六が花道から姿を現すと、明るい本舞台の光に雲がかかったかのようになり、客席のすべての視線は花道に集まる。

否、意休を除いた舞台の傾城や新造たちの視線も、すべて助六に注がれる。

五つ紋の黒羽二重の小袖は浅葱裏、緋縮緬の下着を一つ前に着て、明るい若さの象徴のようなむきみ隈をとり、右に締めた紫の鉢巻きに、二重の帯の右には一つ印籠、左に脇差し、背に尺八を差し、傘を手に、下駄音高く揚幕から歩み出た助六が花道七三で見得を切る。まさしくそれは江戸の粋と伊達の標本である。

鉢巻きについての問いに答えた助六は、こちらへ、という傾城たちの誘いに本舞台に足を運び、床几に腰を下ろす。女郎たちは競って手に手に吸いつけ煙草の煙管を差し出す。意休が煙草を所望しても、もう、空いている煙管は一本もない。助六は「煙管が用なら、一本貸して進じょう」と足に煙管をはさんで突き出す。それを見て怒った意休は非難の言葉を口にするが、待ってましたとばかりに、助六は悪態の言いほうだい、しほうだいである。

店の奥から門兵衛の怒鳴り声が響き、湯上り姿で暖簾から現れる。店の扱いにたいする不満をわめきちらす彼を遣手のお辰だけでなく、舞台に並ぶ傾城たちも口々に責めたてて笑いはやす。そこに饂飩屋福山のかつぎが勢いよく走り出て来て、門兵衛に突き当たる。饂飩がのびないうちに届けようと急いでいるのは、半纏を身にまとった若いイイ男である。箱の角があたって痛いと門兵衛が騒ぐのを助六が止めに入り、福山かつぎに「早く行け」と言うが、門兵衛はふんぞりかえって「これにござるが、おれの親分、通俗三国志の利きもの関羽、字《あざな》は雲長、髭から思いついて髭の意休どの、その烏帽子児のかんぺら、関羽の関を取って、かんぺら門兵衛、ぜゞもちだぞ」などと強がりをほざく。のびてしまう、と気にする福山かつぎから助六が饂飩を買い取り、門兵衛の頭上にぶちまけているところに、朝顔千平らの子分たちも現れ、千平が煎餅の言い立てをしたりもする。大勢でがやがやと騒ぐなかに、白酒売りの新兵衛も紛れ込む。

門兵衛の子分たちは助六に打ちかかるが、助六は彼らを尺八で見事に投げ飛ばす。花魁たちが大喜びをし、調子にのった助六は意休の頭に下駄をのせて「如是畜生発菩提心、往生安楽どんくゎんちん、イヨ乞食の閻魔さまめ」と悪ふざけの引導を渡す。堪えかねた意休は刀を抜こうとして、手をかけるが、「サア抜け、抜かねえか」と助六が待ち構えるのを見て、思い止まり、傾城や門兵衛、千平らを引き連れて暖簾のうちにはいる。残った子分たちは助六に追われて花道から揚幕に逃げ込み、大騒ぎは鎮まる。

舞台に残った助六を新兵衛が呼び止め、ふざけた遣り取りの末に、二人が曽我の五郎、十郎の兄弟であることが観客にも明らかにされる。五郎である助六が人の集まる吉原で暴れているのは、親の仇を探す手がかりになる友切丸という刀を詮議するためであった。そのために二人は力を合わせることになり、助六は新兵衛に喧嘩のやり方を伝授し、通りがかる若衆や国侍、通人など、吉原のひやかし客に喧嘩を吹っ掛けて股潜りをさせる。

一通り人々が立ち去ったところに揚巻が満江を送って出てくる。満江は先程の紙衣姿ではなく、一文字傘で顔を隠し、羽織、大小をさした、武家の出で立ちである。揚巻が注意するのも無視して、助六は満江とは気づかずに喧嘩をしかけようとして驚き下がり、同じく母であることを知った新兵衛も花道にまで逃げ去り、平伏しながら戻る。

満江を「みつえ」ではなく、「まんこう」と呼ぶ母の名は『曽我物語』（日本古典文学大系、岩波書店一九六六年）の「萬劫御前」によるのであろう。ただし、この女性は河津三郎祐親の娘であり、兄弟の母親ではない。母親の出自も名前も『曽我物語』には記載されてはいない。仇討ちののち、十郎の愛人であった「大磯の虎」（歌舞伎では五郎の愛人とされることが多い）は出家して兄弟の菩提を弔うが、母は曽我太郎祐信と再婚していたこともあり、在俗のままかなり長生きをしたらしい。なお、助六が探す友切丸は源氏重代の名刀であったという。

助六から喧嘩三昧の理由を聞いた満江は納得はするが、怪我をしない守りとして、助六に紙衣を着せ、新兵衛を連れて去る。舞台には助六と揚巻だけが残り、痴話喧嘩や色模様やらがそこで演じられたらしいが、高尚好みであった九代目團十郎が省略して以来、現在でもそれは省略される。そこに「揚巻、揚巻」という呼び声がして、奥から意休が現れる。揚巻は床几に腰をかけて、助六を裲襠の裾に入れて隠す。揚巻に寄り添おうとする意休の足を助六は下から突ついたり、煙草盆をひったくったりする。助六がいるのに気づいた意休は、揚巻の裾から助六を引き出し、五郎時致らしく振る舞え、と諭し、刀を抜いて香炉台を切り、暖簾のうちにはいる。だが、その刀が友切丸であるのを見た助六は、意休こそ訊ねる親の仇であることを知る。そのとき紙衣は破れる。揚巻に今夜にも意休を討ち果たす決意を告げて、花道を走り去り、舞台には揚巻ひとりが残って幕になる。

時の鐘で再び幕が開き、「水入り」になる。三浦屋の暖簾は外されて大戸は閉じられ、潜り戸から朝顔千平や意休が傾城や遣手に送られて出てくる。すでに助六はひそかに天水桶の陰に身を隠している。通りかかって助六に押し止められた意休は「まことは伊賀の平内左衛門」と本名を明かす。平内左衛門とは、屋島で知盛らとともに入水した平家の武将であり、歌舞伎では仇役の名前として用いられるらしい。二人の打ち合いの末に助六が意休を仕留めるが、そこに来た人が大声をあげるので、助六は天水桶のなかに身を隠す。まさに、水入りである。人々が騒ぎまわる様子を探りながら、彼は天水桶から窺い出て着物の水を絞るが、そこで気を失う。

揚巻が走り出て裾に助六を隠して、人殺しは向こうに去った、と語って人々を追い払う。助六が志を遂げたことが知られ、「まず本日はこれぎり」と目出たく打出しとなる。

三

台本を辿りながら、頭のなかで舞台の情景を思い描いてみた。人の出入りはきわめて多いが、話の展開はきわめて単純であり、要するに曽我兄弟の仇討物語を借りて、華の吉原の情景を映し出し、当時はやりだした煎餅や白酒売り、饂飩の出前、さらに外郎売り、その他いろいろな仕出しも登場して、宣伝よろしく勤めているかのようである。

たしかに、長い。冒頭の満江の出から、最後の水入りまで演じたら、恐らく三時間はたっぷりかかるであろう。もちろん、もっと長い芝居、たとえば『忠臣蔵』や『菅原』『千本桜』などが通し上演されれば、昼の部と夜の部を通して七時間から八時間におよび、それでも何幕かはカットせざるをえない。だが、丸本物の場合には一幕物ではなく、そこには話の展開がある。長い幕があっても、幕間に休憩を取りながら上演される。しかし『助六』の場合、「水入り」を出す時には、一度幕を下ろすが、そこで休憩時間を取ることはなく、基本的には継続して一幕物のように演じられる。とすれば、現在では、この芝居の初めから終りまですべてを舞台にかけるのは不可能である。

江戸時代に歌舞伎がどのように興行されていたのか、詳しいことは私にはわからないが、観客は早朝から芝居茶屋と桟敷とを行ったり来たりして、桟敷でも呑んだり食べたりしながら、一日がかりで芝居を楽しんでいた時代には、『助六』を最初から最後まで舞台にかけることも可能であったにちがいない。はじめての芝居であれば、全部見るかもしれないが、わかっているところは小屋の外に出て、ここぞ見せ場、というところで再び桟敷に戻る、などという芝居見物をしたのであろう。しかし今では上演中に出入りすることは慎むのが常識になっている。これはオペラや音楽会などの影響でもあろうが、観客も舞台に集中し、上演中の飲食や談話など、当然のこととして控えている。そうなると、単に上演時間の問題だけでなく、それだけ舞台に集中する緊張を観客が保てるであろうか、という問題も生じるであろう。

現在では満江の出、外郎売りの売り立て、新兵衛の出などは省略し、吉原の茶屋廻りの金棒引きが現れて通りすぎ、口上が述べられ、三浦屋の見世先に華やかに傾城たちが出て並び、花道から揚巻が現れるところから始まることが多い。この登場は大名の姫君でもこれほどの供を引き連れていないであろうというような華やかな行列であり、彼女が花道の七三まで来ても、まだ最後は揚幕を出たばかりといった具合である。そこで大見得を切った揚巻は本舞台の床几につき、白玉太夫をともなって登場した意休に向かい、悪態を繰り広げる。時にはこの場面まで省略されたりもするが、それでは『助六』という芝居のおもしろさは半減してしまう。

ところで、誰が助六を演じるのか、ということによってこの芝居は外題が変わり、演奏される浄瑠璃も違う。市川團十郎家の役者の場合には、外題は『助六由縁江戸桜《すけろくゆかりのえどざくら》』であり、浄瑠璃は河東節である。その他の役者の場合には『助六曲輪菊《すけろくくるわのももよぐさ》』『助六曲輪初花桜《すけろくくるわのはつはなざくら》』『助六《すけろく》曲輪澤瀉桜《くるわのおもだかざくら》』などとなり、浄瑠璃も河東節ではなく、いずれも名曲であるが、常盤津や清元、また長唄などになる。金棒引きが通り去ると、裃姿に意義を正した役者が現れて、浄瑠璃の口上を述べる。これは省略されることもあるが、河東節の場合には、かならず行なわれるのは、客席への挨拶だけでなく、三浦屋の大格子の簾のなかで待ち構える浄瑠璃の演奏者にたいする敬意も示さなければならないからである。十寸見《ますみ》河東《かとう》によって十八世紀の初め頃に江戸半太夫節から独立したという河東節は明るくおおどかで品がよく、日本橋に魚河岸があった時代の旦那芸として伝えられ、その伝統が現在にいたるまで継承されている。口上役は最後に下手に下がって格子御簾内に向かい、「河東節御連中様なにとぞおはじめ下さりましょう」と頭を下げるのである。

二〇〇八年一月に十二代目市川團十郎が『助六』を演じた時には、東京大学の船曳建夫氏が河東節に出演して、話題になったが、その筋書きに載っている「『助六由縁江戸桜』出演河東節十寸見會御連中連名」の二百人ほどのなかには、歌舞伎贔屓《ひいき》の銀座インド・カレー店の主人ナイルの名前もあり、箏曲の師匠として知られた人々もいる。全員がいつも出演するのではない。二十五日間の上演中に数回御簾内に入るのであろう。今日は誰の出演日なのかということは当日のロビーに掲示される。

なお、念のために付け加えれば、河東節御連中には出演料などは出ず、むしろ逆に出演にあたっては幕内関係者にその都度配り物をする仕来《しきた》りになっているらしい。出演するための稽古その他を考慮にいれると、かなりの出費は覚悟せねばならないであろう。まさに、旦那芸である。そのあたりのことは團十郎が一九八五年に十二代目を襲名した四月興行と六月興行の『助六』に十寸見東松という名取名で出演した西山松之助による『江戸歌舞伎研究』（西山松之助著作集第七巻）に詳しい。そこに掲載された出演者一覧には、千宗室、武原はん、町春草などの名前が見られるし、さらに、もはや歴史と化したような一九六二年の十一代目市川團十郎襲名の際の御連中のなかには伊東深水や舟橋聖一もいて、山彦河良が明るく響く三味線を派手な掛け声で奏していたのも懐かしい。ただ、『助六』を初演した二代目市川團十郎が使った浄瑠璃はまだ河東節ではなかった。

他の歌舞伎十八番の演目の主人公は、実在したか否か、ということはさておき、いずれも時代がかった豪勇無双な人物として想定されている。日本一の美い男として演じられる助六も弱々しい優男ではなく、男伊達を投げ飛ばして追い払ってしまう恰好よくて強い存在である。だからこそ、吉原のすべての花魁衆のあこがれの的であったにちがいない。しかしながら母親の満江には頭が上がらず、揚巻の裲襠の裾に隠れて守られたりもする。いったい、助六とは何者であろうか。

『助六』では、母満江が紙衣姿で登場し、やがて助六がそれを着せられるなど、荒事というだけでなく、上方和事の趣向も加味されている。歌舞伎で使う紙衣とは、絹地によるものであり、見た目には小粋にも映るが、貧乏になり、まっとうに着るものもなくなって、手紙を張り合わせた和紙で仕立てた着物という想定である。紙衣姿がもっとも似合う役と言えば、『廓文章』の伊左衛門であろう。大坂新町の遊女夕霧に通いつめて勘当された豪商藤屋の若旦那伊左衛門は、大晦日の夕方、恋文を張り合わせた紙衣を身に纏ったみすぼらしい姿ではあるが、それでも気品を失わずに吉田屋の門口に現れる。主人に温く迎えられ、座敷で夕霧に会っているところに勘当が解けた使いが来て、めでたしめでたし、で終わる他愛のない正月狂言もしくは正月を迎える暮れの狂言である。助六にも紙衣の似合う上方風の色男という側面も必要になる。

そのようなところから助六という上方に由来する名前が使われたのであろう。『歌舞伎事典』（平凡社一九八三）によれば、詳細は不明らしいが、延宝年間（一六七三～八一）もしくは宝永年間（一七〇四～一一）に大坂千日寺で町人萬屋助六と島原の遊女揚巻（総角とも書く）の心中事件があり、上方では実説をもとにした心中情話として演じられたいくつかの「助六物」ができたらしい。だが、江戸では主人公を明快な男伊達にした「侠客物」に変容された。

正徳三（一七一三）年四月に山村座で二代目市川團十郎（一六八八～一七五八）が助六という役を初演した時の外題は『花館愛護桜《はなやかたあいござくら》』であった。三年後には中村座で『式例和曽我《しきれいやわらぎそが》』と改めて、助六が曽我五郎と結びつけられたが、ここでもタイトルには「助六」は記されていない。「和曽我」としたのは、荒事としての曽我狂言というだけでなく、紙衣を着用させるなど、和事味が加えられていることによる。曽我物語が組み込まれたのほ、新春狂言の恒例にしたがったからであり、市川宗家として曽我狂言の立役者である團十郎は他の数々の狂言も曽我物語に関連させている。そのあたりのことは西山松之助によって詳細に示されている。

再演から三十三年たった一七四九年に中村座で團十郎は三度目の、そして最後の助六を演じた。外題は『男文字曽我物語』であったが、半太夫節による浄瑠璃が「助六廓家桜」とされ、助六の扮装や舞台の様式もほぼ定まり、それ以後はその都度手を加えながら、今日にまで継承されたと考えられている。

だが、助六じつは曽我五郎、白酒屋新兵衛じつは曽我十郎、髭の意休じつは伊賀平内左衛門（曽我物語とすれば、さらに、じつは工藤祐経とすべきであろう）としても、これはこじつけであり、二代目市川團十郎がこのような人物設定をした背後で何を語りたかったのか、という真意は謎のままである。

## 四

江戸歌舞伎の推移のなかで社会的な大事件として指摘されるのは、まず、江島生島事件であろう。江戸城大奥の大年寄江島が山村座の役者生島新五郎と馴染みを重ねたという罪により、江島は信州高遠へ、生島は三宅島へ流罪、山村座は取り潰しになった。山村座は江戸四座すなわち、中村座、市村座、森田座とともに公許の櫓を上げることの出来る芝居小屋すなわち幕府が公認した劇場の一つであったが、この事件の結果、幕末にいたるまで江戸三座になった。二代目市川團十郎が助六を初演した翌年に山村座は取り潰されたのである。

だが、二代目團十郎の存命中には歌舞伎にかかわりのある重要な社会問題として勝扇子事件も生じた。この事件の成果として歌舞伎役者はその身分が保証され、居住の自由をえたのであるが、歌舞伎の歴史のなかではあまり語られることがない。事件に團十郎が直接に連なったのではないが、『勝扇子』というのは、彼がこの事件についての記録『小林新助芝居公事控』を書写させた一巻の表題（日本古典文学大辞典第一巻岩波書店一九八三）である。それが團十郎家に伝えられ、『歌舞伎事典』によれば、五代目團十郎もそれを転写して残したとのことである。

事件は宝永五（一七〇八）年、京都の興行師小林新助が薩摩小源太一座の人形浄瑠璃二十二人をひき連れて江戸に下り、次いで房州に赴いて興行をしたところ、江戸弾左衛門配下の多数の賤民に襲われ、芝居を取り潰されたことに始まる。小源太らはただちに江戸に戻って訴訟を起こす。なぜ江戸に下ったのか、なぜ江戸だけでなく、房州にまで赴いて興行したのか、などの詳細については、塩見鮮一郎『弾左衛門とその時代』（河出文庫二〇〇八）および『弾左衛門の謎』（同二〇〇八）を見ていただきたい。そこには鎌倉時代にまで遡ると主張された身分制度にからまる支配秩序の問題があった。

弾左衛門という名は江戸時代に初代から一三代まで歴代襲名され、弾が姓であった、もしくは、弾左衛門には矢野という姓があったとも言われる。それぞれ「集房」「集開」「集道」「集連」「集誓」「集村」「集因」「集益」「集林」「集和」「集民」「集司」などの号があった。『江戸東京学事典』（三省堂一九八七）や『江戸学事典』（弘文堂一九八四）によれば、弾左衛門は江戸時代に関八州、伊豆および駿河、甲斐、陸奥の一部に住んでいた穢多身分、非人身分、猿飼身分を支配した穢多頭の通名とされている。近世の身分制社会の最下層に置かれた人々のありかたがここに浮かび上かる。

最下層とはいえ、弾左衛門の穢多頭としての地位は町奉行所への御目見得の儀式によって承認されていた。この承認は、弾左衛門が幕府に絆綱《はづな》など皮類の上納、太鼓の張替、御用灯心の上納、御仕置御用、召馬斃死のさいの堀埋、無宿野非人の臨時狩込などの役負担を前提にしている。網野善彦も『東と西の語る日本の歴史』（講談社学術文庫一九九八）などで述べているが、この地位とそれらの職務内容は古く鎌倉時代に遡り、それを徳川幕府も引き継いだのである。社会の汚れ役を全面的に引き受けていたのであり、彼らの存在によって江戸の社会の衛生状態が維持され、浮浪人の取り締まりなどの乞食対策により、治安もある程度は守られていたと思われる。だが、そこからする収益もその宰領する領城の広さからして莫大なものであったことも想像できる。

弾左衛門とその配下のものたちが江戸時代に居住した、もしくは居住するように定められたのは浅草新町であり、そこは山谷堀の北に細長くのびた約一万五千坪の地域であったが、城郭のような外見を示していたらしい。弾左衛門が住む屋敷だけでなく、手代や書役などが職務にあたる事務方の詰所、その身分に属するものの争いを裁く御白洲や牢屋まで調っていた。要するに弾左衛門支配の領域に関する行政権、徴税権、司法権を行使する役所がそこに存在したのである。おそらく一般の江戸庶民とはかかわりのない、弾左衛門を頂点とする異質の世界がそこには構成されていたのであろう。

この世界について、百五十年あまりも後の幕末の状況ではあるが、司馬遼太郎が『胡蝶の夢』のなかで描き出している。この小説は松本良順と島倉伊之助（司馬凌海一八三九〜七九）という二人の医師を中心に日本の医療の近代化の歩みを取り上げているが、作者としては伊之助という世間にはほとんど知られることのなかった不思議な人物に重点を置きたかったのであろう。『胡蝶の夢』という表題は、晩年、彼が死に瀕して熱に浮かされたとき、胡蝶になった夢を見た、ということによる。少年の頃に習い覚えた荘子の句が蘇ったのである。佐渡の豪農の出であった彼は抜群の記憶力の持ち主であり、異能の持ち主であった。江戸に出て医学を学び、それとともにオランダ語を習得し、さらに時代とともに英語やドイツ語も習得してしまう。だが、そこで述べられている言葉を漢文に置き換えることはただちに可能であっても、言葉が示す医学内容を医療の場で実用に転じることができない。知識はあるが、それを診療という実務に向けることはできないのである。言葉に関する異常な才能の持ち主であったことは事実であり、司馬凌海の名前で、日本最初の独和辞典『和訳独逸辞典』を彼は編纂してもいる。

しかしながら、ここでは伊之助は関係がない。徳川将軍家茂や慶喜の奥医師でもあった松本良順が十二代弾左衛門を往診したときの話である。伊之助が師事し、敬愛した松本良順も世間の基準からみれば偏屈なところがあり、身分や秩序などを超越した、反骨精神をそなえた人物であったらしい。これは武士社会における奥医師、しかも蘭方医という存在にたいする当時の不合理な偏見への反発によるものでもあり、そこには弾左衛門らの存在に共感するものもあったかもしれない。さらに蘭方医としては、杉田玄白らの腑分け以来、穢多の人々に恩義を感じてもいたはずである。ちなみに次の十三代が宰領していた明治四年に出された太政官布告でこの制度は廃止され、弾左衛門は弾直樹と名乗り、その配下のものたちもすべて平民になった。

司馬遼太郎の描写するところによれば、弾左衛門の居住する浅草今戸の新町は一個の城下町の趣を呈していた。南北三町、東西一町あまりの細長い土地を、今戸の他の地域と区別するために東を正門として三方に門を構え、そのなかに城館のような大名屋敷そのままの弾左衛門の住居があった。その総坪数は二千六百坪あまりで板塀をめぐらし、正門は長屋門になっていた。この門を入ると、真鍮の金具を打った中爵門があったが、この門は家格の高い大名でなければ許されないものであった。こういったことが可能であったのは、幕府が公許したことによるが、だが、それだけではなく、源頼朝以来の家であることを証する「浅草弾左衛門由緒書」（その写本が国会図書館にあるという）に由来するのである。格式は高いのに、人権は一般の人間並みには認められず、社会から排除される存在である、という不思議な不合理がまかりとおっていた。

弾左衛門配下の役職者は武士のような身なりを調えていたらしい。歌舞伎で見る『其小唄《そのこうた》夢廓《ゆめもよしわら》』の「鈴ケ森」で白井権八を引き回す役の人々は弾左衛門配下の最下層なのであろう。それぞれの仕事はそれぞれの役職者のもとで動いていたのであろうが、いわば社会の裏の仕事のすべてを宰領するためには、弾左衛門という存在はかなりの度量がなければ務まるものではない。代々の弾左衛門がかならずしも世襲ではなかったらしいことも、それだけの能力のある人物が選ばれなければならなかったからであろう。

弾左衛門自身は公式に外出することはめったになく、老中、若年寄、側用人、大目付などの幕府の顕職者の屋敷への、年頭の回礼ぐらいであったらしい。弾左衛門は熨斗目麻裃に帯刀して、塗駕籠に乗り、小大名のような隊列をくみ、したがう配下の役職者も、もちろん、士装であった。

この回礼が各屋敷でどのように受け止められたのかはわからないが、おそらく門前での挨拶にとどまったのであろう。

# 五

薩摩小源太一座による人形浄瑠璃の房州での興行を弾左衛門配下の賎民が打ち壊したのは理由のないことではない。公許された江戸四座の芝居小屋以外での興行は、猿楽や傀儡師などの辻芸人もしくは旅芸人として、弾左衛門に届け出をする必要、つまり規定の櫓銭を支払うべきであったのに、それを行なっていない、ということに、この地方を回っていた弾左衛門役所の手代で革買の治兵衛が気づいたからである。辻芸人や旅芸人は乞胸《ごうむね》として弾左衛門の支配下に置かれるので、房州ではこの争いに思うような決着がつかない。それを見てとった小林新助と薩摩小源太は江戸の奉行所に訴え出た。この訴訟も「旅芝居である」として却下されかけたのにたいして小林新助は、およそ次のように弁じて勝利を得たのである。

「自分たちは旅芝居ではなく、江戸堺町の芝居に呼ばれたのであり、その顔見世を見た房州の庄屋がひと芝居三十両で買いたい、と申し出たので、役者を助けるためもあって、房州に行っただけである。それにもかかわらず、弾左衛門の下に置かれることになっては、京都で御堂上様方より御召があった場合に、参上できなくなる」と。

この言葉にはいろいろな上下意識が込められている。まず、京都から公認の芝居に呼ばれて江戸に下ってきた、という上方意識、そしてその江戸で穢多の配下におかれてその穢れがついては、上方にかえってから、その穢れを公家にまでうつすことになる、というのである。武家よりも公家をはるかに上に見ている。さらに「旅芝居がなぜ弾左衛門の下に置かれるのか、その理由をお聞かせください。役者という者は、旅芝居に出て芸をみがき、そのうえで、江戸、京都、大坂の芝居にでることができるようになるのです」（『弾左衛門の謎』一五五頁）と続ける。そこで小林新助と弾左衛門とが奉行所で対決せざるをえなくなった。この時の弾左衛門は四代目であり、『弾左衛門の謎』（一六四頁）では諱が集久、戒名が乗誓とされている。

弾左衛門の地位は町奉行の御目見得によって承認されるのであるから、おそらく彼は悠然として訴訟の場に臨んだのであろう。だが、芝居の興行権をめぐる対決は、これまでの各種の前例などを引き合いにだしても、簡単には決着がつかない。そこで遂に弾左衛門が提出したのが「頼朝の御証文」（偽書？）である。そこには弾左衛門配下として山守、関守、座頭、髪結、牢番、猿引、渡守、筆師、陰陽師、墨師、傾城、金堀、傀儡師、蓑作が明記されていた。しかしこの御証文がかえって小林新助の反論を有利にした。すなわち、弾左衛門が提出した証文は四、五百年も前に遡るが、歌舞伎は名護屋三左衛門とその妻お国が出雲の神楽を真似て始めたときから数えて八十年余りにすぎない。とすれば、頼朝の証文に歌舞伎役者の地位が記載されるはずはないからである。

弾左衛門の敗訴に終わったが、幕府は弾左衛門の支配力を抑える好機としてこの訴訟を利用したのであろう。それでも弾左衛門らの存在は身分秩序の維持というだけでなく、その職務内容に従事する存在を必要としたことから、弾左衛門には処罰は下されず、実際に取り壊しなどを行なった手下を遠島などに処しただけであった。幕府がこの事件で芸能に理解を示したかどうか、ということは疑問である。

芸能関係者にとっても公許による檜舞台以外の諸興行は以前と同様に穢多支配のままであった。武家の式楽である能、江戸にはほとんど知られていなかったであろうが、宮中の雅楽などに比べれば、歌舞伎はたとえ櫓をあげた公許の芝居であっても、扱いはまったく違っていた。劇場には「お役穴」もしくは「役桟敷」と呼ばれる検閲席が設けられていたのである。二〇〇九年でも歌舞伎座の揚幕脇に番号のない席が二つあるのは、その名残であろうか、警察用とのことである。三年後に建てなおされたとき、そのような席が残るのかどうか、ということは、私には見きわめられそうにない。

とはいえ、歌舞伎役者にとってこの訴訟の成果は小さくなかった。幕府によって身分が乞胸には属さないこと、すなわち河原乞食ではないこと、不浄の徒ではないこと、要するに町人として一般に生活しうることが認められたのである。小林新助の公事日記の写しを入手した二代目團十郎が喜んでそれを書写させ、『勝扇子』と名付けて所蔵したとしても不思議ではない。というのも、憧れの的のような歌舞伎役者たちも、たとえ千両役者といわれるほどの高給取りであったにしても、その生活面にはもろもろの制約が加えられていた。明暦期

（一六五五〜五八）には歌舞伎役者にたいして日常の衣類や舞台衣装に制限がなされたが、延宝六（一六七八）年には劇場関係者の住居は「堺町、葺屋町、木挽町最寄」に限るという厳達（戸板康二『歌舞伎の話』）があった。だが、一七五八年に七十一歳で世を去った二代目市川團十郎は晩年には隠居して目黒で過ごした（二代目市川團十郎『團十郎の歌舞伎案内』PHP新書）という。このようなことも『勝扇子』事件の成果によるのであろうと思われる。

## 六

この事件の一方の当事者であった四代目弾左衛門は訴訟の翌年すなわち宝永六（一七〇九）年に世を去った。享年は不明だが、四十年ほどにわたって弾左衛門を勤めたのであるから、かなりの高齢であったにちがいない。他方、直接の当事者ではなかったにせよ、江戸歌舞伎を代表する二代目市川團十郎は元禄元（一六八八）年生まれである。荒事の創始者でもあった父初代市川團十郎が宝永元（一七〇四）年市村座の楽屋で役者生島半六に刺されて不慮の死を遂げたとき市川九蔵を名乗っていた二代目は、数えで十七歳で市川團十郎を襲名した。周囲の引き立てがあったにしても、若い二代目は多くの苦労に耐えなければならなかったであろう。この團十郎が『助六』を初演したのは、訴訟事件から五年ほどたった正徳三（一七一三）

年、彼は二十代の中頃に達している。すでに小林新助の『江戸公事日記』も書写し、『勝扇子』の意味を噛みしめていたのであろう。

このような状況を背景にして『助六』という芝居の中身もしくは裏面を考えると、髭の意休のモデルは明らかに四代目弾左衛門であろう。『歌舞伎十八番』（岩波書店『日本古典文学大系』）の補注にもそのように受け止められる記載もある。彼が担う職掌内容を十全に束ねていくからには、意休は憎々しげではあっても、智慧と忍耐と度量と風格をそなえた堂々とした押し出しで、その上で財政面の豊かさも示されなければならない。そのような風体の人物が吉原でなぜ軽んじられるのか。その子分たちがなぜ冴えないのか。このような疑問も何となく納得がいくものになってくる。

設定としては、意休は武士で、助六は町人である。大大名とも紛うような装いの意休にしたがう男伊達は、だが、浪人者の用心棒みたいな存在である。おそらく浅草新町の弾左衛門の総構えのうちには扶持を離れた浪人者も収容されていたかもしれない。意休の一番の配下と名乗るかんぺら門兵衛は、大名家でみれば、家老もしくは用人といったところであろう。房州での事件との関連で見れば、弾左衛門役所の手代革買治兵衛などを束ねる要職にいるのであろうが、芝居では武士とも町人ともつかないおどけの三枚目にされている。門兵衛の子分朝顔千兵など、流行《はや》りの煎餅売り出し口上を述べるために役が設けられているかのようである。いずれにせよ大勢の供を引き連れて吉原で豪遊している意休に町人の助六が悪態をつきまくるのが、この芝居の眼目である。

老人である意休は見事な白髭をたくわえている。その髭に虱がたかっている、とか、「こいつ死んだそうな。よしよし、おれが引導渡してやろう」などという台詞は、事件の翌年に四代目弾左衛門が死んだことに当てつけているのであろう。だが、それだけでなく、意休の頭に自分が履いていた下駄をのせるなど、たとえ芝居ではあっても町人が武士にたいして、いや、町人同士でも、行なえることではない。しかし武士ではあっても、社会から排除される存在である、という江戸時代での身分制度のなかの何とも不合理な側面がここには映し出されている。しかも芝居者は社会のなかで長年その下位に置かれているかのように扱われてきた。河原乞食とさえ呼ばれたりもしていたのである。『助六』という芝居はその社会通念を真っ正面から打破するものであった。二代目團十郎が意図した助六は、その装いのモデルが誰であれ、役者である彼自身であり、単に弾左衛門に対する勝利宣言には止まらず、歌舞伎役者を乞食と同類にみなした社会にたいして、歌舞伎の贔屓衆である町人たちとともに高らかにあげた凱歌であったと考えたい。

二代目團十郎は三年後および六十歳も過ぎた寛延二（一七四九）年にも『助六』を演じた。その後、四代目の時に河東節で演じられ、役者と贔屓がひとつになって舞台を形成して楽しむようになった。さらに五代目團十郎は多くの文化人とも付き合いがあったが、この時代から助六の紫の鉢巻きと下駄が、毎回、魚河岸の贔屓衆から贈られることになり、現在までこれは継承されているという。粋で伊達な助六役者の男振りが私たちを明るく楽しませてくれる舞台からも、正史ではあまり語られることのない社会の矛盾にみちた裏面を、私たちは窺い知ることができるのである。

## 三幕目　写楽と『忠臣蔵』二段目（二〇一〇年）

### 一

　二〇〇九年夏に「写楽――幻の肉筆画」と題した展覧会が「日本・ギリシャ修好一一〇周年記念特別展」と銘うって江戸東京博物館でものものしく開催された。その宣伝ビラには、副題として「ギリシャに眠る日本美術〜マノスコレクションより」とあり、さらに "Sharaku and other hidden Japanese masterworks from the land of NAUSICAA" とされている。マノスコレクションというのは、十九世紀末から二十世紀初頭にかけてヨーロッパに赴任し、ジャポニズムに沸くパリやウィーンで一万点を超えるアジア美術品を蒐集したギリシア大使グレゴリオス・マノスによる。彼は帰国後、美術品のすべてを政府に寄贈したが、このコレクションは一世紀ものあいだ人の目にふれることなく死蔵されていた。おそらくその価値がわからなかったのであろうし、また、価値評価も時とともに変化する。二〇〇八年七月に調査がなされ、コルフ島にあったかつてのイギリス総督府の建物がコルフ・アジア美術館となり、そこで公開されることになったのである。

コルフ島を地図で探すと、ギリシア北部のイオニア海に面した西海岸沖にある細長い小島である。海水浴には良さそうだし、気候は温暖であろうから、その昔、植民地時代にイギリスが総督府をおいたのも納得はいくが、英文の副題では the land of NAUSICAA とあり、そこには、the land of Corfu という表現はない。ナウシカーという名で思い起こされるのは、ホメロスの物語『オデッセイア』である。

オデッセウスはトロイ戦争終結後、郷里イタカに向けて船出するが、海が荒れて十年たっても帰り着けなかった。まず、船が難破し、彼はただ一人カリュプソーの島に漂着した。この美しいが、いまわしい女神のもとに七年間留め置かれた後、ついに彼女は筏に食料を積んで彼を送り出す。しかし十八日目に大波と疾風が筏を打ち砕き、オデッセウスはかろうじてパイエークス人の島に泳ぎ着く。精根つき果ててオリーブの木の下に眠る彼を見いだしたのがナウシカーとその侍女たちであった。

パイエークス人の王アルキノオスの娘である彼女はオデッセウスを父の館に導く。現在のコルフ島がこの伝説上のナウシカーの島であるらしい。平和で豊かなパイエークス人の島で歓待されて元気を取り戻したオデッセウスは彼らにこれまでの苦難を語りあかし、感動した王や人々の助力により、彼は郷里イタカへの船旅に再びのりだすことになる。イタカに着いてからも苦難が降りかかるので、『オデッセイア』全二四巻のなかの第六巻から十二巻にいたるこのナウシカーの島における滞在はオデッセウスの帰郷の旅路での唯一の憩いの日々であった。この憩いの島に写楽その他のすぐれた日本美術作品が眠っていたのであり、それが昨年里帰りをしたのである。

## 二

この展覧会が殊のほか人々の注目を浴びたのは、写楽の肉筆画が見いだされ、それが世界で初めて公開される、というところにあった。写楽の版画は、美を映し出すということなど二の次にして、役者でも、相撲取りでも、対象の個性をきわめて強く表現している。その点では、他の浮世絵師の作品とは一線を画していて、春信も、歌麿も、北斎も、すぐには区別ができないような私でも、写楽の作品だけは何となくわかるようにも思われる。だが、写楽に人々が関心を抱くのは、それだけではないらしい。その存在が茫洋としているからである。寛政六(一七九四)年五月から翌七年正月まで、閏月(六年十一月)を含めて十か月ほどの間だけ作品を残し、忽然と彼は消えたらしい。どこから現れ、どこへ去ったのか、謎のままなのである。

寛政の改革を実施した松平定信は寛政五年に老中を辞しているが、当時は江戸時代の文化の転換期であり、また爛熟期と見ることも可能であろう。酒井抱一、大田南畝、山東京伝、十返舎一九、滝沢馬琴、恋川春町、朋誠堂三二など、取締りがしばしば行なわれてはいたが、武士や町人が交流をしながら、本業とは異なる活躍もしていた。浮世絵を扱っていた蔦屋重三郎を通して、写楽もこれらの人々との接触がなかったとは思われない。目を拡げると、井原西鶴（一六四二〜九三）以来、黄表紙や浮世草紙などにいたる通俗文学には挿絵が掲載され、絵師はそういった書物の挿絵を描くことで世に認められるようになるのが通例であった。葛飾北斎（一七六〇〜一八四九）も滝沢馬琴（一七六七〜一八四八）による『椿説弓張月』の初版本（一八〇七）の挿絵を担当している。だが、写楽が描いた挿絵の類は、少なくとも写楽の特色を示す挿絵は、いまだに見いだされていないらしい。

それぞれの人物が多様な活躍をし、画、俳諧、戯作など、時には本業を秘すために、時には戯れから、それぞれの場に応じて、いろいろな号や俳名を使っていたことからみて、東洲齋寫楽という浮世絵師としての名前とは異なる名前で写楽も人々と付き合っていたとも考えられる。そのようなところからミステリーのような写楽探しなどまで、文芸作品としても興味深く扱われている。おそらく、歌麿や北斎についてよりも論及される量も多く、分野も多岐にわたるであろう。

写楽について書かれたものは、ミステリーファンである私には、いずれも面白い。作品を大別すれば、写楽とは誰か、という研究に的を絞った研究文献というべきものと、歴史ミステリーというべき小説になり、さらに、後者は時代を写楽がいた十八世紀末におくものと、写楽探しをする現代人の動きを展開したものとに区別されうる。ただ、このように区別をしてみても、いずれも膨大な資料にもとづいて展開されているのであろうから、文芸作品であっても実証的に写楽探しをしているのであり、また、研究文献にしても資料から下される推論にはミステリー的な要素も含まれていることは否定できない。

さまざまな写楽についての推論にひとつの決着をつけようと試みられたのが、中野三敏著『写楽　江戸人としての実像』（中公新書二〇〇七年）であろう。天保十四（一八四三）年に出た斎藤月岑《げっしん》（一八〇四～七八）の『増補・浮世絵類考』による「俗称斎藤十郎兵衛。江戸八丁堀に住む。阿波候の能役者」という写楽についての簡潔な記載で江戸時代には十分に明白であり、それ以上に追求されることがなかったのは、現在と江戸時代との文化のありようの変化によると考える中野は、当時の身分制度からする雅・俗の文化の二元性とそれを享受する社会階層の相違を重要視しながら、斎藤月岑説を裏づける。

面白いのは、中野が冒頭で示した主な写楽別人説の一覧表である。これは昭和六四年までに公表された説に限られるが、戦前はユリウス・クルト、鳥居龍蔵などの五人が、いずれも斎藤月岑説にもとづいていたらしい。だが、戦後も一九五五年以後になると、毎年と言っていいほどに、種々の写楽説が現れる。横山隆一は、まず蔦屋重三郎説（一九五六年）を唱えたが、次いで葛飾北斎説（一九六三年）に変わったらしい。松本清張が能役者斎藤十郎兵衛説

（一九五七年）をとり、小島政二郎が阿波藩家老の倅（一九六一年）などとしているのは、斎藤月岑に影響されているのであろう。哲学者由良哲次が葛飾北斎（一九六八年）と見ていたこともこの表で私は知った。東洲斎写楽と署名したものと、単に写楽と記されただけのものもあり、その相違も専門家たちの議論を引き起こしているらしい。

私自身が読んだ書物で見れば、杉本章子の『写楽まぼろし』（一九八三年）では、蔦屋重三郎のゆえあって子供のときに別れたままになっていた父親が写楽であった、とされているし、泡坂妻夫の『写楽百面相』（一九九三年）では、阿波徳島藩のお抱え能役者斎藤十郎兵衛であり、俳名を捨来赤西《すてきのあかにし》と名乗って人交わりをしていた人物である。彼が姿を消さねばならなくなる事件が当時の身分制度にからまって深刻に展開されているのも読者の興味をそそる。松井今朝子の『東洲しゃらくさし』（一九九七年）では、大坂中の芝居で大道具方を勤めていた彦三という人間であり、並木五兵衛（一七四七～一八〇八）が江戸に移る時に、彼も連れてこられたが、江戸では五兵衛から離れ、蔦屋重三郎のもとで働いていた、という設定になっている。阿波の出身とされたのは、やはり、斎藤月岑説を尊重しているのかもしれない。ただ、貧農の出であり、画だけは優れていたが、世間的な常識も乏しく、愚直で偏屈なところもあり、読み書きは不得手でかろうじて教えられたとおりに署名をしていたという。彼は深川の岡場所の手入れに巻き込まれて行方知れずになった、という哀れな最後で終わる。

高橋克彦の『写楽殺人事件』（一九八三年）は写楽が誰であるかを特定しようとする美術評

論家たちを扱った現代小説であり、最近、完結して単行本になったらしい島田荘司の『写楽——閉じた国の幻』も同様である。さらに北森鴻の『写楽・考』ではカメラ・オブスキュラの歪んだ画から写楽を思い浮かべた、というだけで写楽の名が使われている。写楽が知ったら、苦笑いをするであろう。今後も写楽を特定しようとするだけでなく、写楽の名を何かに被せたような作品も現れるであろう。写楽の魅力は浮世絵だけには止まらないのである。

## 三

百年以上眠っていたマノスコレクションに写楽の未知の肉筆画が見いだされたとなると、その公開が展覧会のキャッチコピーになっても不思議ではない。グレゴリオス・マノス自身が浮世絵に関心をもち、精通していたのではなかろう。帰国後、ギリシア政府にすべてを寄贈したままになっていたことなどから見て、彼は駐在した当時のヨーロッパにおけるジャポニズムにならっただけかもしれない。蒐集された作品は浮世絵だけでなく、江戸城本丸にあったとされる狩野派の作品も含めて、数量はきわめて多く、展覧会では江戸時代の絵画が概ね歴史的に配列されていた。ただ呼び物の写楽の肉筆画は扇面一点のみであり、それだけが麗々しくガラスケースに飾られ、そこにだけ人だかりがしていた。この状況を見て、一瞬、これでは羊頭狗肉ではなかろうか、などとも思ったが、なぜこの場面が、そしてなぜこの役者たちがこの扇面に描かれたのか、という疑惑にも私はとらわれた。

写楽が描いた扇面がこれまでにもまったく見いだされなかったわけではないらしい。集英社の『浮世絵大系7　写楽』（一九七三年）にも、「お多福」と「老人図」の二点が掲載されているが、二枚とも、黒白の印刷で、およそ鮮明とは言い難い。前者はシカゴ美術館蔵であり、かつて里帰りしたときに調査され、肉筆に彩色が混じった合羽摺である、という簡単な説明がほどこされている。合羽摺がどのようなものか、なぜ合羽摺というのか、などについては私にはわからない。「老人図」は所在も不明らしく、さしたる説明もない。ともに写楽画とされる、と言うのに止まるらしい。

それらに比べると、マノスコレクションで展示された扇面はきわめて鮮やかであり、色彩も見事で、東洲齋寫楽と明瞭な署名もある。描かれているのは、四世松本幸四郎の加古川本蔵と松本米三郎の小浪、『仮名手本忠臣蔵』二段目の場面である。この二人の役者が共演した芝居の錦絵を写楽は他にも残している。寛政六（一七九四）年五月に桐座で上演された『敵討乗合話』の肴屋五郎兵衛（幸四郎）としのぶ（米三郎）であり、それぞれが大判錦絵になっている。時期から見て、この二枚は写楽の浮世絵が世に出始めた頃のものである。

当時、公許の芝居小屋であることを示す櫓をあげていた江戸三座、すなわち、中村座、市村座、森田座は、すべて不入りが続いて借財がかさみ、幕を開けることができなくなっていた。このような場合や、また、火事で焼失した場合などを考慮して、控櫓という制度が設けられていた。中村座の控櫓として都座、市村座には桐座、森田座には河原崎座が控えていたのである。

余談だが、歌舞伎座が二〇一〇年四月末で休演し、取り壊して、三年後に新築されて開場することになった。下ろされた櫓は新橋演舞場五月の歌舞伎公演に揚げられた（歌舞伎座で使っていた古い櫓を持って来たのではなく、新しく造られたとのことであった）。あたかも演舞場は歌舞伎座の控櫓であったかのようである。これまでの演舞場の歌舞伎公演には櫓が揚げられていなかったと思う。とすれば、従来の新橋演舞場での歌舞伎公演は、江戸時代に移せば、宮芝居ということになるのであろうか。伝統演劇の存続に松竹という企業がつくしている功績は多とすべきであるが、国立劇場には櫓はなく、松竹が櫓にこだわりを示すのも面白い。

写楽がマノスコレクションの扇面を描いた頃、江戸の控三座は、驚いたことに、いずれも『仮名手本忠臣蔵』を上演していた。客寄せに一番効果のある演目であったに違いない。伊原敏郎『歌舞伎年表　第五巻』（岩波書店一九六〇年）によれば、寛政七年四月五日から都座、同十五日から桐座、この上演には「春以来不入の所この『忠臣蔵』は大当たり大入」との注記もある。さらに、五月五日から河原崎座で、これは菊五郎十三回忌追善と銘打って幕を開けた。初代尾上菊五郎（一七一七〜八四）は生涯を通じて大星由良之助を九回演じ、ほぼ現行の型を決めたらしい。この時の由良之助は尾上松助、そして加古川本蔵を、松本幸四郎が演じていた。なお、前年九月にも河原崎座で『忠臣蔵』が上演されているが、この時の加古川本蔵は坂東彦三郎であった。

それゆえ、マノスコレクションの扇面に描かれた幸四郎の本蔵と米三郎の小浪は寛政七年五月河原崎座で演じられたものでなければならない。この時期には、もはや写楽は役者絵も相撲画も残してはいない。この年の五月には彼は江戸にいたのであろうか。この扇面は寛政七年正月以降の写楽の所在の謎にもかかわる。すでに写楽は江戸から姿を消した、と多くの作家や研究者は見なしていたのではなかろうか。私などには確かめようもなく、考えようもない。ただ、私にとって疑問であり、考えてみたいと思うのは、『忠臣蔵』のなかの人物を描くのに、なぜ二段目を選んだのであろうか、ということである。

なお、同時に三座で同じ芝居が演じられたのに、なぜ、河原崎座の松本幸四郎と松本米三郎を描いたのであろうか、ということも疑問である。小浪を演じた松本米三郎の名前は長男で振付師としての足跡を残した松本五郎市によって知られる。三代目芳沢崎之助（のち四代目あやめ）の子で、若女方の役を得意とし、後に米三と改名したというが、現在では米三郎も米三も名乗っている人はいないらしい。米三郎とは違って、松本幸四郎は現在では九代を数える歌舞伎の大名跡である。写楽が描いた四代目幸四郎は容姿よく、音声弁舌さわやかで、和事、実事、舞踊のすべてに優れていたと伝えられる。だが、この役者については優れたところだけが伝えられているわけではない。

松本幸四郎の初代は二代目市川團十郎と並び称された役者であり、二代目は初代の養子で、後に四代目市川團十郎（一七一一〜七八）になり、三代目はその実子で、のちに五代目市川團十郎（一七四一〜一八〇六）になる。だが、四代目松本幸四郎（一七三七〜一八〇二）は三代目とは血縁関係はない。岩波講座『歌舞伎・文楽　第2巻』「歌舞伎の歴史Ⅰ」（一九九七年）によれば、彼は京都生まれで、幼くして江戸に出て瀬川菊之丞の門弟になり、瀬川金吾を名乗り、立役になって瀬川錦次と改名したが、世評は芳しくなく、四代目市川團十郎門下になって、市川武十郎となり、和事も演じるようになった。その後染五郎、高麗蔵と改め、一七七二年に師の前名である松本幸四郎になった。四代目松本幸四郎である。

だが、この幸四郎は四代目團十郎の実子が五代目團十郎を継承したことに不満を抱き、自分の実子を六代目團十郎にしようという野望のもとに五代目團十郎を一七七八年に座頭であった中村座から退座させてしまう。翌年中村座に團十郎が復帰する。場を失った幸四郎を市村座の座頭であった尾上菊五郎が出演できるように配慮したにもかかわらず、幸四郎はそこで菊五郎を市村座から追い出す画策をし、怒った菊五郎が舞台で幸四郎を罵倒する事件が起きたという。役者としての芸では四代目幸四郎は優れていたが、人間としては卑劣な陰謀家であったらしい。歌舞伎界の名跡が定まりつつあった時代の上昇指向の現れでもあり、このような現象はいつの時代でも人間社会の陰で見られ、語られていることであろうが、幸四郎の行動はその極端な顕在化した事例であろう。

## 四

この幸四郎が加古川本蔵を演じ、それを写楽が描いた頃は、團十郎や菊五郎との確執から十五年あまりが経過し、團十郎も菊五郎もすでにこの世を去っている。幸四郎も還暦を間近にする年齢になり、かつての狷介とも思われる性格の強さも治まって重厚な趣をそなえはじめていたのかもしれない。彼の舞台姿は写楽を魅する力を秘めていたのであろう。先に指摘した『敵討乗合話』だけでなく、『四方錦故郷旅路』という題目で寛政六年七月に同じく桐座で上演された中山富三郎の梅川にも幸四郎は新口村孫右衛門で出演したが、写楽はそれも大判錦絵にしている。しかし彼の役はいずれも重要であっても、主役ではない。

マノスコレクションに残された扇面の加古川本蔵にしても、『忠臣蔵』を通しで出す場合に、座頭役者が演じることはない。寛政七年五月の河原崎座でも、菊五郎十三回忌追善と銘打っているところからも当然であるが、大星由良之助は菊五郎の弟子であった尾上松助が演じている。『忠臣蔵』を何回か見たことの、ある人でも、加古川本蔵など記憶にない、と思われるかもしれない。言うまでもなく、徳川幕府五代将軍綱吉の元禄十四（一七〇一）年三月、年頭勅使接待役浅野内匠頭長矩が指南役の高家吉良上野介義央に江戸城内松の廊下で斬りかかり、内匠頭は即日切腹、浅野家は断絶、他方吉良上野介はお構いなしという処置が下されたことに対して、浅野の家臣たちは一年半あまりの月日を堪え忍んだ後、吉良を討ち取ったという事件が題材である。

江戸時代には、同時代の出来事をそのまま舞台にかけることは許されない。世界を足利時代に移し、浅野内匠頭は塩谷判官、吉良上野介は高師直、大石内蔵助は大星由良之助と改め、場面も鎌倉と設定して、『仮名手本忠臣蔵』は演じられるが、観客はおおよそのことを承知して楽しんでいた。その点は現在も同様である。芝居でも、軸になるのは由良之助であり、これは座頭の役である。現在でも、立役（＝男役）の役者のあいだでは、由良之助を演じたことがある、というのが一つの箔付けになってもいるらしい。『忠臣蔵』で、次いで重要な立役は勘平であり、さらに平右衛門ということになるであろう。

問題の加古川本蔵は二、三、九段目に登場する。そして扇面の本蔵は二段目を写したものである。しかし二段目が作者竹田出雲、三好松洛、並木千柳による脚本にしたがって上演されることは滅多になく、それだけでなく、省略されてしまうことが多い。だが、二段目、三段目が演じられることで、九段目で本蔵が由良之助の息子である力弥の槍にすすんで討たれなければならない苦悩も明瞭になると思われるが、侘しい屈辱的な場面も演じなければならないことなどから、役者から見れば、好ましくない役であろう。さらに主君塩谷判官の仇討という本筋からは脇筋に止まるのである。

大序――『仮名手本忠臣蔵』では、序段ではなく、大序であり、人形浄瑠璃から写された面影を留めている――は、鎌倉鶴が岡八幡宮の場、造営成就の代参として訪れた足利将軍弟直義を中心に一同威儀を正している。饗応役を仰せつかったのが、塩谷判官と桃井若狭之助、二人とも若い。指南役の高師直の嫌味がましい苛めに会い、一触即発といった緊迫した気配を漲らせているのは、塩谷判官ではなく、むしろ桃井若狭之助である。

この大序のあとを受けた二段目は桃井若狭之助の館の場面である。『名作歌舞伎全集　第二巻』（東京創元新社一九六八年）に収録されている原作に沿って見ていきたい。加古川本蔵は桃井家の執権職であり、「年も五十路の分別盛り」とト書きにあるが、館内に家族ともども住み込んでいるらしい。主若狭之助と師直との折り合いが悪化していることを妻の戸無瀬、娘の小浪とともに案じているところに、大星由良之助の息子力弥が判官の使者として来訪する。小浪と力弥は許婚の間柄であり、二人を会わせてやりたいという親心から、使者の口上を受け取る役を本蔵は戸無瀬にまかせ、戸無瀬は小浪に委ねて、いずれも奥に去る。判官から若狭之助への口上である「明朝正七ツ時に御前へ相詰めよ」という師直からの指示を威儀を正して爽やかに伝える力弥に小浪が見とれていると、若狭之助が奥から現れ、「聞いた聞いた。使者大儀」とねぎらうので、力弥は衣紋を繕い、立ち帰る。そこで本蔵も現れて、小浪を奥に下がらせる。

後に残った若狭は本蔵に向かい、もはや師直の雑言過言には堪えきれぬ胸の思いを打ち明け、「戦場にて討死はせずとも、師直一人討って捨つれば天下の為、家の恥辱には替えられぬ」と家の断絶をもやむをえず、とした覚悟を示す。一本気な若い主の意向に本蔵は反対を口にせず、松の枝を切って扇に載せ、「まずこの通りに」とさしだし、若狭の思いに暗黙の賛意を示すが、別れを告げて奥に入る若狭を見送ると、ただちに馬に打ち乗り、驚く戸無瀬と小浪が止めるのを振り切って、師直の館に向かう。

続く三段目は「足利館門前進物の場」「殿中松の間の場」「裏門の場」からなる。「裏門の場」はお軽と勘平が中心であり、本蔵には関係がない。彼が訪れたとき、師直はすでに出仕の途についていた。足利館門前に止めた駕籠のなかに師直はいて、姿を見せない。追いついた本蔵に応対する鷺坂伴内は虎の威を借るおどけ役であり、この三枚目を相手に本蔵は進物の品々を奉る。本蔵にとってつらい屈辱の場である。戻ろうとする彼は引き留められて、殿中のお座敷拝見をしていくことになる。

続く「殿中松の間の場」では、進物が功を奏して、若狭之助には慇懃な態度に出る師直は、苛めの矛先を判官に向け替える。堪えきれずに、ついに師直に討ちかかった判官を座敷の隅の屏風の陰にいた本蔵が走り出て抱き留めるのである。

## 五

国立劇場開場二十周年を記念して一九八六年十月から十二月まで三か月にわたって『仮名手本忠臣蔵』の通し上演が行なわれた時、二段目も演じられたが、これは原作の桃井館ではなく、桃井家の菩提寺である鎌倉建長寺の書院に移されていた。この場面には本蔵は出るが、小浪はいない。その時の筋書きによると、建長寺の場が使われるようになったのは、天保四（一八三三）年に河原崎座で『裏表忠臣蔵』が上演されたときからとされているが、その内容は原作の後半部分だけであるので、力弥も小浪も戸無瀬も出ない。それでも本蔵が若い主人の思いを直接には諫めず、進物という裏工作で切り抜け、また、なぜ陪臣の身でありながら、殿中にいて、師直を斬りつけた判官を抑えたのかは納得がいくように筋を通していた。

だが、問題はその時の配役である。二段目では十七世市村羽左衛門が加古川本蔵を演じたが、すぐ続く場であるにもかかわらず、三段目になると、岩井貴三郎に変わっている。言うまでもなく、羽左衛門は市村座の座元の家柄であり、二か月後の十二月に演じられた九段目以降では由良之助を演じた大名跡である。そのような家柄の役者が師直の家臣に過ぎない三枚目の鷺坂伴内相手に頭を下げ、腰を低くして賄賂を贈り、媚びへつらう役などを演じることはできない、というのであろう。伴内を演じた市村鶴蔵も、岩井貴三郎も脇役として活躍した名代役者ではあったが、決して御曹司育ちの大名跡ではなかった。

十二月に演じられた九段目の「山科閑居の場」の本蔵は三世河原崎権十郎である。この人は姿も口跡もよく、舞台映えする役者であったが、二段目では本蔵を演じた羽左衛門の由良之助を相手に演じた。三か月にわたる通し狂言として上演されるような場合には、同じ役が次の月には違う役者によって演じられなければならなくなることも多い。この時にも十月と十一月の由良之助は十三世片岡仁左衛門であったが、十二月には羽左衛門に替ったのである。

しかし三段目と九段目の本蔵は、例えば、昼の部と夜の部とに分かれるとはいえ、同じ日に通し上演される場合でも、家格の異なる二人の役者によって演じ分けられるのが常識的恒例らしい。前半の進物場はチャリ場とも言われる道化た芝居であり、続く殿中松の間の本蔵は塩谷判官を抱き留める重要な役割を担うが、それだけでセリフはない。しかもこの場が終われば、九段目まで本蔵には出番はない。大名跡役者にチャリ場を演じさせたり、何時間も楽屋に待機させることなど出来るはずはないというのであろう。だが、観客として欲を言えば、二、三、九段目すべてを同じ役者の本蔵で原作にしたがって演じられるのを見てみたいものである。

残念なことに私は見なかったが、一九七四年に国立劇場で「本蔵と戸無瀬」との題目で二、八、九段目が上演されたらしい。関容子の『芸づくし忠臣蔵』によれば、本蔵は八世坂東三津五郎、戸無瀬は六世中村歌右衛門、小浪が現中村魁春、力弥は沢村田之助、若狭之助に現中村梅玉、そして由良之助が一四世守田勘弥で通したらしい。この時には二段目は桃井館で演じられたが、三段目は取り上げられていない。八世三津五郎のチャリ場など考えることも不可能であったに違いない。その代わりというのではなかろうが、八段目の戸無瀬と小浪による江戸（もしくは鎌倉?）から山科への道行が演じられている。この道行が『忠臣蔵』本来のものであり、四段目の判官切腹、城明渡しの後に演じられるお軽と勘平の道行は原作にはなく、後に清元の浄瑠璃で加えられたものである。戸無瀬は二段目にも姿を現すが、本蔵の後添いであり、まだ若くて美しく、小浪とは義理の母娘である。それだけに気配りも多く、この旅にそのありさまが描き出されている。歌右衛門は戸無瀬を持ち役にしていたらしく、一九八六年の通しでもこの役を演じている。

二段目は滅多に出ないし、三段目の本蔵は軽い役とされていたのでは、本蔵の心のなかの苦悩などに理解を向けうる観客はほとんどいないのではなかろうか。事件の後、桃井家を辞して秘かに戸無瀬と小浪の後を追い、山科に閑居した由良之助のもとを訪れ、力弥の槍に討たれて、本望の死をとげる九段目の本蔵の決意は二、三段目が原作通りに演じられてこそ、初めて観客にその意味も充分に伝わると思われる。この場は小浪と力弥の婚礼に重点があるだけではない。江戸城内での塩谷判官――浅野内匠頭――の事件の余波は、浅野家中だけには止まらず、その周辺にまで広く及んだことも描きだしたのである。

六

この余波に目を向けた立場から描き出されているのが、二〇一〇年四月に亡くなった井上ひさしの『不忠臣蔵』である。加古川本蔵のモデルになった梶川与惣兵衛頼照（一六四七〜一七二三）のもとに家臣として元禄十四年夏から彼の長屋に十八年間住み込んでいた岡田利右衛門の話が取り上げられている。吉良家への討ち入りに加わった四七人以外の旧浅野家家臣たちの思いはさまざまであったに違いない。彼らには旧主内匠頭の短慮にたいする批判も生じたであろうし、また、家族への情愛や親類の束縛からもたやすくは逃れられなかったであろう。内匠頭の無念に報いる意味があるだろうか、という疑問もあり、目的が実現したとしても、その先の裁きは死であろうと考えた時、それだけの決意を固める難しさもある。だが、事が決行された後で、加わらなかった人たちに下されたのは、不忠の士である、という世間の烙印であった。その人々のなかの十九人を井上ひさしはいろいろな角度から取り上げているが、そのなかの一人が梶川与惣兵衛に狙いをつけた岡田利右衛門という旧浅野家江戸留書役であった。

実際に殿中で浅野内匠頭を抱き留めた梶川は旗本であり、当時御台所附留守居役をつとめて五十五歳、知行は七百石、腕力が強いという評判が高かった。その役柄から見て、松の廊下で吉良上野介に内匠頭が斬りかかった現場に彼が通り合わせても不思議はない。真山青果の『元禄忠臣蔵』では「江戸城の刃傷」でその状況を描き、お目付当番の一人多門《おかど》伝八郎（一六五九〜一七二三）による事情聴取を梶川は受けている。現在の九段富士見小学校の裏手にあたる梶川の屋敷の所在も真山青果は元禄十年の沿革図で示しているが、この長屋で岡田利右衛門も暮らして、梶川の物書部屋に出仕していたのであろう。

多門伝八郎はこの事件について「覚書」を残した。それが何時書かれたのかははっきりしないが、彼は事件の三年後、宝永元（一七〇四）年に小普請入りになっているので、おそらくお目付を辞めてからであろう。ちなみに、真山青果は伝八郎を浅野と吉良に対する裁きの不公平を訴え、浅野を庇護する発言をした骨のある人物として描いている。

そのようなところから彼は役から下ろされ、小普請入りをしたのかもしれない。「多門伝八郎覚書」は日本思想大系『近世武家思想』（岩波書店一九七四年）に収録されていて、その注に梶川与惣兵衛（『近世武家思想』では与三兵衛）も「梶川氏筆記」を残したことが記載されているが、井上ひさしが扱ったのはこの「梶川氏筆記」の成立とその後である。

江戸留書役であった岡田利右衛門には武術の心得はない。考えた末に、彼は自分の目付きの鋭さで梶川与惣兵衛を睨み殺そうと思う。オカダリエモンのカを次のダと入れ換えれば、オダカリエモンになる。織田刈右衛門と名乗った彼は、梶川家に伝わる唐渡りの洮河緑石《トウガリョクセキ》の長方硯や黴墨などを目にしていたい、という理由をつけて、菩提寺の紹介により物書役として入り込み、梶川が七十三歳になる頃までの十八年間、岡田は梶川家の執務室に出仕して彼の口述筆記役に励んでいた。

与惣兵衛が十七歳で婿養子として梶川家に入った時、七百石取りの旗本であった梶川家は、彼が内匠頭を抱き留めた功により、五百石の加増を受けて、千二百石取りに出世する。だが、世間では両手で抱き留めて五百石、「片手で二百五十石掴んだ果報者」と語り合い、「梶川与惣兵衛は武士の情けを知らぬ、情けない武士」と陰でからかう声が行き交っていた。冷たい風は残された旧浅野家家臣以外にも吹き荒れて、十八年経っても、噂も風もおさまらず、梶川は苦悩を抱き続けたし、他方、鋭く強い眼差しで岡田が梶川を睨み続けても効果は現れなかったのである。

「梶川氏筆記」口述の参考になれば、との思いから、ある時、梶川が江戸城内紅葉山書庫に赴き、赤穂事件資料を調べたなかに『元禄十三年・浅野内匠頭侍帳』があった。そのなかの「十五人扶持　江戸留書役　岡田利右衛門」という記載を見て、彼の頭のなかで織田刈右衛門と岡田利右衛門は同一人物ではなかろうか、という疑問が渦を巻きはじめる。この難問解決のために、彼は岡田が物書部屋に出仕したのを見すまして、岡田の長屋の探索をし、確認する。

「ここに五両ある。餞別じゃ、持って行け。わしも間もなく致仕願いを出すつもりでおる。

そう、二人とも舞台を降りるのさ。そして勝負はこの梶川のもの。ご苦労だったの、利右衛門」と梶川は岡田に暇を出す。だが、小説はこれでは終わらない。

梶川は一七二三年に死んだが、それから二五年あまり経った頃、大坂竹本座を八十歳前後と思われるキツイ目付きでぼろを引きずった一人の老人が訪れ、達筆で書かれた一冊の冊子を置いていく。「わたしは今から三十年前まで、御直参梶川与惣兵衛の物書役を相勤めていたものである。この夏、大坂道頓堀西の竹本座で『仮名手本忠臣蔵』なる外題の浄瑠璃をなさると聞き、『梶川氏筆記』の写本を携え、はるばる江戸より参上いたした。参考になればこんなうれしいことはない。主人梶川の語りを清書する毎に写しをとっておいたので、正本の内容と完璧に一致している。では大入り満員、日延べ続演を祈る」という口上で届けられた「筆記」の末尾には「此度の事ども後々にて存じ出し候に、内匠頭殿の心中察入候、吉良殿を討ち留め申されず候事、嘸々《さぞ》無念にありしならんと存じ候、誠に不慮の急変故、前後の思慮にも及ばず、抱き止め候事、慚愧に堪えず深く恥入り候……」と記されていたという。

八十歳前後と見られた岡田利右衛門は、これまでの話から考えると、まだ七十歳代前半である。大石を中心とした浪士たちが吉良邸に討ち入る一年以上前から、彼は主君を江戸城中で抱き留めた梶川にもその恨みを報じたい、との思いで、書役として入り込んで十八年を過ごし、さらに四半世紀あまりのあいだ、この「筆記」の写しを抱えて、鬱々と年月を過ごしていたのであろう。竹本座の三人の作者がこの「筆記」を実際に見たかどうかはわからない。

だが、九段目で大星力弥に加古川本蔵が自分から討たれる筋立てを知れば、岡田も満足したと思われる。

井上ひさしは浪士岡田利右衛門だけでなく梶川与惣兵衛にも、その胸のうちにはたやすくは語りだせない深刻な思いが秘められていたことを描き出している。梶川のこの思いが『仮名手本忠臣蔵』の二、三、九段目に登場する加古川本蔵という人物に投影されたのであろう。使者として訪れた大星力弥の見舞いを二段目で受けながら、若い主人桃井若狭之助の直情的な短慮を止めようとせず、権力者師直への賄賂という汚い手を使って切り抜けた言いようのない屈辱感からする宮仕えの侘しさ、そんな思いが本蔵の胸のうちで絶えず去来していたに違いない。

松本幸四郎が演じた『忠臣蔵』二段目の加古川本蔵を写楽が描いた寛政七（一七九五）年五月の河原崎座では、おそらく三段目も演じられたのであろう。時代を見れば、田沼意次が失脚した後、松平定信が将軍徳川家斉を補佐して寛政の改革を実施したが、必ずしもそれが功をあげたとは言えず、「白河の清き流れにすみかねてもとの濁りの田沼恋しき」などの落首が貼られたりしていた時代である。賄賂が罷り通る世の中を庶民は嫌悪を抱きながらも複雑な思いで見ていたに違いない。義を貫き通した人物として描かれている大星由良之助を初めとする義士たちの心情には屈辱的な屈折した思いはない。ちなみに、三段目「裏門の場」で、お軽とともに駆落をする破目になった勘平は、すべてがかけちがい、六段目の「与市兵衛内《うち》」

で切腹して果てる。彼には主君大事の場に居合わせなかった悔いの念が深かったが、それも義の気持からすることであった。こうして見ると、この芝居の舞台に登場する人物では、本蔵だけがただ一人屈折した思いを抱いていたのではなかろうか。その人物を幸四郎が演じ、それを写楽が描いた、というところには写楽という存在が特定されはしなくても、深読みが過ぎるかもしれないが、何か彼の出自を暗示するものがあるとも思われるのである。

## 七

最後に、『仮名手本忠臣蔵』の二、三、八、九段目を上演すると仮定して、私の夢の舞台とその配役を繰り広げさせていただきたい。三段目は「進物場」と「松の間」だけにしても、出演俳優の人数は多くなる。取り敢えず、主だった役名に役者を当ててみよう。なお、他界された過去の名優ではなく、現在活躍している人たちに限ったのは、万一であれ、これが実現されてほしい、という幻想的願望によるのである。(注1)

加古川本蔵　……　片岡仁左衛門
妻　戸無瀬　……　中村時蔵
娘　小浪　……　片岡孝太郎

大星力弥　……　片岡愛之助
桃井若狭之助……片岡進之助
鷺坂伴内　……　片岡市蔵
高師直　……　中村富十郎
塩谷判官　……　中村錦之助
大星由良之助……片岡我当
妻　お石　……　片岡秀太郎

二、三、八、九段目に限っての上演であれば、加古川本蔵が軸になる。仁左衛門であれば、三段目のチャリ場も複雑な思いを胸に抱いてこなした上で、九段目ですべての総括を見事に演じ切ってくれるであろう。そこで受けて立つ由良之助は仁左衛門の長兄である我当が望ましい。その妻お石は次兄の秀太郎、九段目のこの役は前半で戸無瀬と小浪に冷たく応対するが、あまり強すぎても困る。お石が恐妻に見えてしまうと、あの妻では由良之助の祇園や伏見での遊びももっともだ、と観客に思わせてしまうし、時としてそのように見える舞台もある。

師直は持ち役になっている中村富十郎に付きあってもらえればありがたい。戸無瀬は本蔵の後添いで若く美しいという設定で中村時蔵に加わってもらおう。余計なことであるが、九段目に続く男たちの動向はわかるが、残された女たち、戸無瀬、小浪、お石の三人はどうなるのであろうか。史実によると、大石内蔵助の妻おりくは但馬豊岡藩の家老石塚源五兵衛の娘で大石が最後に江戸に向かう前に実家に戻ったという。お石も山科から実家に戻るのかもしれないが、嫁になった小浪も連れていくのであろうか。そうなると戸無瀬は一人残されて江戸、もしくは鎌倉に戻るのであろうか。

このような芝居の筋にはない疑問は『一谷嫩《ふたば》軍記』「熊谷陣屋」の幕切れでも強く感じる。息子小次郎を平敦盛の身代わりとして討たなければならなかった熊谷直実は世の無常を感じて出家する。だが、東国から息子の初陣を心配して一谷まで来てしまった妻の相模はそこで一人残される。舞台は熊谷に焦点が絞られているから、相模のその後は語られていない。歌舞伎の舞台は男中心であり、現在であれば、女性問題として取り上げられることが多々あっても止むを得なかったのかもしれない。

塩谷判官には時蔵の弟である中村錦之助に、伴内には脇役としてすぐれた味を示す片岡市蔵に引き受けてもらおう。どうやら片岡仁左衛門を中心にして松島屋一門に中村時蔵と錦之助の萬屋が加わって、中村富十郎が上にいて締めてもらうということになったようだ。見応えがある息の合った夢の大舞台の実現を思い描くのは、なんとも楽しいものである。

（注1）　残念なことに、二〇一〇年には、活躍されていた中村富十郎は、歌舞伎座が新しく開場する前に他界され、片岡我当は襲名口上などに並ばれても、役を演じられることはなくなった。

# 『源平布引滝』と斎藤実盛（二〇一四年）

## 一

『源平布引滝』は寛延二（一七四九）年に、延享三（一七四六）年の『菅原伝授手習鑑』、翌年の『義経千本桜』、さらにその翌年の『仮名手本忠臣蔵』に続いて、大坂竹本座で初演された。作者は並木千柳と三好松洛。この二人は前三作を竹田出雲（小出雲？）とともに執筆している。平清盛の暴虐と源（木曽）義仲の生い立ちを描いた五段物の人形浄瑠璃として書かれた後、歌舞伎に移され、丸本物として上演されているのは、前三作と同様であるが、私たちにはあまり馴染みがないのは、場面が関西の一部に限られ、主要な人物も歴史のなかに埋もれたような存在だからであろう。

一般に、大坂の人形浄瑠璃に対して、東京では歌舞伎と私たちは受け止めているが、歌舞伎十八番に代表される荒事を除いては、京・大坂に起源をもつ作品がほとんどである。場面も関西であることが多い。江戸城内で生じた事件を主題にした『仮名手本忠臣蔵』にしても、早野勘平が切腹することになる五・六段目は山崎の在、彼の恋女房おかると大星由良之助、おかるの兄寺岡平右衛門らが出あう哀れで明るい七段目は祇園一力茶屋、続く八・九段目では加古川本蔵の妻戸無瀬と娘小浪、さらには本蔵自身も由良之助の山科閑居に姿を現わす、という具合である。『菅原』では、四段目の配所の場では太宰府が舞台になるものの、その他の場面は京都とその周辺および河内の道明寺であり、『義経千本桜』の舞台は京都、大物浦、吉野と限られている。

それでもこの三作品が東京で好んで採り上げられるのは、『忠臣蔵』であれば、事件が生じた場面が江戸であることから納得はいく。書かれた当時から見ても八百年以上遡る出来事を主題にした『菅原』にしても、天神様として祭られる菅原道真は、いわば、全国区である。『義経千本桜』にいたっては、判官贔屓に基づく義経への傾倒によるのであろう。ただし、義経と謳っていても、彼は狂言回しを勤めているに過ぎず、主役として活躍するのは、それぞれの場面で、平知盛、いがみの権太、そして狐忠信である。この点では『菅原』でも同様で、菅丞相とされる菅原道真も太宰府に流される途次に訪れる叔母覚寿の住む道明寺（二段目）と配所の場以外には、大序の大内山および序の筆法伝授の場に短時間姿を現わすだけである。

こうした作品に比べると、『源平布引滝』の知名度は低い。布引滝は神戸市内布引山中を流れる生田川にあり、雄滝と雌滝があるらしいが、一般には、少なくとも東京近辺では、さほど知られていない。芝居の筋も、源平とは言え、義経は登場せず、源（木曽）義仲の出生に纏わる物語に、後白河法皇に対する平清盛の横暴な行為を批判的に諌める重盛が絡む話である。それぞれの幕として見ると、内容のあるものもあり、見せ場もないではないが、五幕通しての筋の流れは弱く地味である。義仲の異母姉（義賢の正妻の娘）とされる待宵姫と多田蔵人行綱（奴の折平や仕丁の藤作に身をやつして登場）との恋物語もあるが、舞台を彩るほどの華やかさはない。通しとして上演されることはなく、「義賢最期」と「実盛物語」が個々に演じられるのが通例であり、二〇一三年に新装なった歌舞伎座二年目の六月にも尾上菊五郎によって「実盛物語」が演じられている。

とはいえ、五段物などとして書かれた浄瑠璃から転じた丸本歌舞伎のなかで、ほぼ全幕を通して演じられることがありうるのは、『菅原』『忠臣蔵』『千本桜』ぐらいであろう。しばしば演じられる「熊谷陣屋」にしても『一谷嫩軍記』の一つの幕であることなど語られるのも稀であり、ごくたまに敦盛の生存を明かすことになる「須磨浦陣門の場」と「組討の場」が採り上げられるくらいである。きっぷのよい立ち回りを私たちが楽しむ「蘭平物狂」にいたっては、それが『倭仮名在原系図』の一幕であることなど忘却され、在原行平・業平と蘭平（本名・伴義雄）との関係など不問に付されたままである。しかしながら話が伝わるために、普段は上演されなかった幕が採り上げられても、面白くないことが多い。通し上演が行なわれない芝居には、やはり、それなりの理由もあろう。そう考えると、「義賢最期」から「実盛物語」と続けて上演されることは稀であっても、話の筋がわかる『源平布引滝』は観客には受け止め易い芝居である。

「布引滝」とタイトルに謳われているのは、序幕で滝壷深くに住む竜神に予言を求めたことによる。この幕は「大内山」「布引滝」「清盛館」の三場から成るらしいが、歌舞伎でも文楽でも、まず上演されてはいないらしい。浄瑠璃台本（『浄瑠璃集下』日本古典文学大系52岩波書店一九五九年）で概要を拾うと、平治の乱で打ち負かした源義朝の首を源氏の白旗とともに、平清盛が意気揚々と後白河法皇に届けさせたことに始まる。だが、義朝の首は六条川原に晒されることなく葬って弔うよう指示され、また、白旗は平家には関係がないので、病のために戦には加わらなかった源義賢に与えられる。この法皇の処置に怒りを覚えた清盛は難波常俊に命じて布引滝の底に潜む竜神による託宣を聴かせたところ、「清盛は暴虐のゆえに天の咎めを受け、その身ばかりか子々孫々まで絶え果てる」と告げられ、やむなく難波は重盛にこの報告をする。その後の成り行きがこの芝居を展開させ、時には、源氏の白旗が主題をなすかのような趣になる。

## 二

『源平布引滝』の二幕目の切りが「義賢最期」である。源義賢は源為義と六条大夫重俊の娘との間の子であるから、義朝の弟で、為朝の兄であり、芝居では木曽先生義賢《きそのせんじょうよしかた》とされている。先生《せんじょう》とは、東宮御所警備の長官を指す官職であり、義賢は近衛天皇の東宮時代に先生を努めたことにより、このような官名で呼ばれた。この職務の解任後、彼は上野国（現・群馬県）多胡郡に下向、秩父重隆の婿になり、武蔵北部で勢力を伸ばしたが、一一五五年に鎌倉にいた義朝の長子義平に攻撃され、比企郡大蔵館で岳父とともに討たれた。源氏一族内の争いである。幼かった義仲は木曽に逃れる。義賢自身は木曽とは関係がなかったが、木曽先生義賢と呼ばれるのは、義仲が木曽で成人したことによるのであろう。芝居では史実と異なり、義賢が病のため引きこもって最後を遂げた館は京白川の琵琶湖近くとされている。

　幕が開くと、葵御前と待宵姫がそれぞれ侍女を引き連れて現れ、座につく。葵御前は待宵姫の母の侍女であったが、その死後、義賢の妻になり、やがて生まれるべき木曽義仲を身ごもっている。義仲の母は出自が明瞭ではなく、遊女であったとも言われるが、ここではかつての正妻に仕える身であった、とされている。待宵を葵は姫様として丁重に扱うが、待宵は父義賢の妻になった葵を母と見ていて、両者の仲は睦まじい。

　そこに近江の百姓九郎助という者が娘小万とその子太郎吉を伴い、太郎吉の父である奴の折平を尋ねてくる。折平は使いに出されて留守、義賢は病で引きこもっているので、九郎助ら三人は葵と待宵たちのところに案内される。折平は小万との間に太郎吉という子も儲けながら、行方を晦ましたので、漸く見つけた彼を二人のもとに返して欲しい、と九郎助らは願う。折平に思いを寄せる待宵は驚くが、葵は彼女の胸のうちを察しつつ、折平を彼ら親子のもとに返す、と話して、取り敢えず奥に通して待たせておく。

奴の折平は多田蔵人行綱が世を忍んで身をやつしている姿である。上演はされないが、二幕目の前半の石山寺では、待宵と折平とが憎からず語り合う場もある。待宵は折平の正体を知らず、彼と小万との間にすでに子供がいたことも、知らなかったのであろう。折平自身も身ごもらせた小万を置き去りにしたことなど忘却し、太郎吉という子供が七歳になっていることも知らなかったらしい。彼の身分を推察した義賢が使いに出した先が多田行綱、すなわち折平自身であったことにより、正体は明らかになる。

実際の行綱は変わり身の早い信用できない人物であったという。生没年ははっきりしないが、多田源氏の棟梁であり、遡れば清和源氏として一つにはなるものの、為義・義朝・頼朝と流れる河内源氏ではなく、怪物退治で名高い源頼光を祖とする摂津源氏の流れを汲む。『平家物語』によれば、俊寛らの鹿が谷の事件に同腹（巻第一）したが、このことを清盛に密告（巻第二）し、その後は平家方に呼応する。だが、清盛なきあと、平家の勢いが失われると、源頼朝につき、義経を討つ立場にいたという。芝居のなかのこととは言え、百姓娘小万の存在など、彼にとっては歯牙にかけるほどのことではなかったと思われる。『源平布引滝』の第四幕では、鳥羽離宮に仕丁の藤作として入り込み、待宵も紅葉という名で小侍従として仕えているが、なぜ、義賢の娘の恋人に多田行綱のような人物が選ばれたのか、その理由については、作者に聞いてみなければわからない。

さて、舞台の館では、義賢と奴折平に身をやつした行綱が戻り、ともに源氏の成り行きを嘆いているところに、清盛の上使として高橋判官長常と長田太郎末宗が義朝の首を入れた首桶を携えて現われ、威嚇しながら、例の白旗を渡せ、と迫る。義賢は折平とともに二人に手向かったが、討ち果たせたのは長田だけであった。逃れた高橋が多数の討っ手を引き連れ、再度、館に押し入るまでの間に、待宵を折平とともに関東の頼朝を頼って落とし、葵を白旗とともに九郎助・小万親子に託して逃れさせる。小万は途中で葵と九郎助にはぐれ、白旗を抱えてただ一人で後を追う。素襖大紋の礼服姿に身を固めた義賢は、勇壮な立ち回りの後に、館の段の上から真っ逆様に落ちる仏倒しという凄絶な最後を遂げる。

この「義賢最期」の場は歌舞伎では久しく上演されなかったらしいが、昭和四十（一九六五）年に当時は孝夫であった片岡仁左衛門が大阪中座で復活上演してからは、時折、採り上げられている。義賢の華々しいとも言える立ち回りの果ての最期は、若くて演技力を備えた役者でなければ無理であろうが、それだけに演じ甲斐もあり、若手にとって演じて見たい役の一つであろう。東京での上演が少ないこともあって、残念なことに私は仁左衛門の義賢を見てはいない。すでに二十年近く前になるかと思うが、市川右近の仏倒しの見事な幕切れの演技に、ただただ驚嘆したことを覚えている。

なお、九郎助の背で棒を振り回して勇ましく敵を追い払いながら館を逃れた太郎吉が手塚太郎光盛として成人し、斎藤実盛を討つことになるが、それは二十年あまり後のことである。その出会いを予告する「実盛物語」を続いて見ていきたい。

三

「実盛物語」の前に三幕目では「矢橋の段」と「竹生島遊覧の段」が文楽では演じられることもある。この二つの段は歌舞伎では私は見たことがない。

小万は託された白旗をしっかり抱えて九郎助たちを必死で追いかけるが、高橋判官の家来塩見忠太らに取り囲まれ、やむをえず琵琶湖に飛び込んで泳ぎ逃げる（矢橋の段）。続く「竹生島遊覧の段」では、清盛の代参で竹生島詣から帰る平宗盛の御座船のそばに、源氏の残党を詮議する平家方についていた斎藤別当実盛の小舟が行き合わせる。御座船に乗り移った時、実盛は白旗を口に咥《くわ》えて泳ぐ小万を見つける。彼女を御座船に助けあげたところに、小万の追手が乗った小舟も追いつき、白旗の所持を伝える。実盛は白旗を握る小万の腕を切り落とすが、旗を握った腕は湖の中に没する。

続く幕を歌舞伎では「実盛物語」もしくは「九郎助住家の場」と一つに纏めているが、文楽では「糸つむぎの段」「瀬尾十郎詮議の段」「実盛物語の段」と分ける。段が変わるたびに、太夫および三味線は交代するが、場面はすべて江州堅田浦小野原村の九郎助住居である。

義賢が討ち死にをしてから、まだ、日はさほど過ぎ去ってはいない。九郎助の家では女房の小由が綿を紡ぎ、奥では葵御前がいまだに姿を現わさない小万の身を案じている。そこに太郎吉を連れて湖に釣りに出かけていた九郎助が戻って来る。獲物は白絹を握った女の片腕、小由は気味悪がるが、太郎吉は母の腕とも知らず、大きな獲物を取った、とはしゃいでいる。白絹を女の手から誰も引き離せずにいたが、太郎吉が触れると、指が開く。拡げられた白絹は小万が守っていた源氏の白旗であった。

そこに源氏方詮議のため、斎藤実盛と瀬尾十郎兼氏が訪れる。源氏の血を引く男子を根絶せよ、との命令にしたがい、懐妊中の女の腹を割いてでも徹底的に取り調べる、という無理難題に、小由と九郎助は策を巡らす。奥の部屋の葵御前が急に産気づき、小由が錦の衣装に包んで大切に抱いてきた赤児は、女の腕、すなわち、太郎吉が湖で釣り上げた腕である。源氏の果報の拙さと、涙にくれる小由に対し、瀬尾はあきれて怒るが、だが、実盛は唐土の后が暑さのゆえに鉄の玉を生んだ話などを挙げて、この場を取り繕う。この状況を清盛に伝えねばならないと、瀬尾は家の外に出るが、不審を抱いたまま、裏手の藪陰に潜んで成り行きを窺う。

落ちついたところに葵御前も現われ、実盛に礼を述べる。故実を引いてその場を救った実盛は、現在は平家の禄を喰むが、元来は源氏の家臣であり、竹生島詣の御座船上のできごとから、先程の腕は自分が切り落とした小万のものであろう、と自分の立場を語る。九郎助夫婦が娘の仇と憤るところに、漁師たちが小万の死骸を戸板に乗せて運び込む。亡骸に腕をつなぎ合わせると、一瞬、小万は息を吹き返し、太郎吉や九郎助夫婦に別れを告げて落ち入る。

それに続いて九郎助は、小万が彼らの実の娘ではなかったことを物語る。彼女は堅田の浦で拾った子であり、その証拠として添えられていた「金剌」の銘のある短刀や「平家何某が娘」という書き付けを示す。実盛は義賢に対する小万の忠義の念を重んじて、太郎吉を「手塚の太郎光盛と名乗らせ」、生まれてくる若君木曽殿へ奉公するようにと述べていると、葵御前に苦しみが始まり、奥の間に移って、男子誕生となる。駒若丸と名付けられた赤子が後の木曽義仲である。

裏で家のなかの様子を窺っていた瀬尾十郎がそのとき姿を現わし、「義賢の倅男子とあれば、見逃しならず、サア、渡せ」と迫る。赤っ面の瀬尾は小万の死骸を足蹴にし、憎々しげに振る舞う。それを見て太郎吉は母の形見の短刀を抜き、「ヤイ侍、ようかかさまをふんだな、蹴ったな」と瀬尾の脇腹に突きたてる。だが、痛手を受けた瀬尾が口にしたのは、「なんと葵御前、これで太郎吉は、駒王どのの家来にならりょうがの」という言葉である。実盛を初め、驚く一同に対して、瀬尾は苦しい息のなかで太郎吉が自分の孫であることを明かす。まだ若くて部屋住みであった頃手回りの女に懐胎させ、生まれた女子を堅田の浦に人知れず捨てた平家何某とは自分のことであり、その際に添えた刀で討たれたのも、孫が平家方の武士を討ち、駒王丸の家来に取り立てられるためであった、と語る。「七つの年から奉公せば、木曽殿の御内にて、一というて二となき家来」であるからと、実盛にも執り成しを頼み、「瀬尾が首とって、初奉公の手柄にせよ」と、刀を抜いて自分の首にかけ、太郎吉に手を添えさせてキリキリと引き、その場にうつ伏せに倒れる。

太郎吉は勇み立ち、さらに「かかさまの敵、実盛やらぬ」と詰めかかる。「あっぱれ、あっぱれ」と褒めながらも、「斎藤別当実盛が幼き汝に討たれては、情と知れて手柄になるまい」から、いずれ成人し、若君が兵を挙げた時に討たれようと約束をして別れる。その約束には、故郷に飾る錦を身に纏い、年老いた白髪を黒く染めて、若やいだ姿で立ち向かおう、という心意気も含まれていた。

## 四

ここに登場した斎藤実盛も瀬尾十郎も単純に平家方か源氏方かと色分けすることは難しい。平安時代末期という歴史情勢からしても、平清盛の勢力が強さを増してきたとは言っても、まだ、武家は政権からはほど遠かった。公家中心の社会から見れば、武家は御所を中心にする公家の警備役に止まり、源氏も平家も区別されることなく、ほどよく公家を守備する存在であれば、問題はなかったのであろう。ただ、武家としては、長年にわたって公家に抑えられたままでいたことに反発心が高まり、権力の掌握を狙っていたとしても不思議ではない。そのような状況のなかで、実盛にせよ、瀬尾にせよ、家族や家臣などの郎党を抱えた郷士もしくは地方小領主のような立場では、先行き勢力を持つと考えられる武将について一族の安泰を計らねばならなかった。この状況を現代に移してみれば、何人かの従業員を抱えた中小企業主がどの大企業の系列に参加するか、という思案に喩えられよう。ただ、実盛らの場合には、扱う業務内容が生産や流通という経済事項ではなく、戦であったところに、ただちに生死を賭した厳しさがあった。

芝居のなかでは、主を変更する機縁になる理由がその人物に対する同情を引き起こしもする。赤っ面で憎々しげな人物として登場し、平家方で清盛に忠誠を尽くしていると思われていた瀬尾が態度を変えて本心を明らかにした要因はきわめて単純であった。自分の若気の過ちを悔い、娘小万とその息子太郎吉に対して自分の命を賭して詫びたのである。娘や孫への深い情が示されるので、瀬尾という人物も愛すべき存在として果てる。

この幕での瀬尾十郎という役は重要であるが、立役で主役ではなく、つまり大名跡の家柄ではなく、多くの場合に、それに次ぐような家柄の役者が演じる。しどころも多いので、脇にまわる役者の襲名披露狂言に選ばれることも多い。二〇〇三年五月の團菊祭歌舞伎座では、四代目河原崎権十郎、六代目片岡市蔵、六代目市川男女蔵ら三人の襲名披露興行が催された。

坂東正之助が河原崎権十郎を、片岡十蔵が父の名であった市蔵を、市川男寅が市川男女蔵を、揃って襲名したのである。幹部級が揃う大芝居の場合に、この三人は脇役として、地味ではあるが、芝居を支える無くてはならぬ存在として活躍を続けている。

襲名興行では披露する役者を引き立てるために、一般に、その舞台は豪華なものになる。市蔵襲名の「実盛物語」でも、斎藤実盛は尾上菊五郎、九郎助に市川左團次、小万に中村芝雀（現雀右衛門）、そして瀬尾十郎兼氏に片岡十蔵改め片岡市蔵であった。この充実した舞台を夢中になって見ているうちに芝居は進み、瀬尾が太郎吉に手をかけさせて自分の首を打ち落として倒れる。そのとき、市蔵が演じる瀬尾は坐ったまま前後にクルッと回って、引っ繰り返って倒れた。一瞬のことである。私には何が起きたのかもわからなかったが、坐ってトンボを返る「平馬返り」を見せてくれたのである。

トンボとは、「筋斗」とも書き、基本的には、立ち回りの際に主役から投げられたり、斬られたりした役者が床に手をつかずにもんどりをうって宙返りをする動作であり、「トンボを返る」もしくは「トンボを切る」と言う。主役の演技を引き立たせることが基本であり、一般には、大部屋の若手役者たちが演じる。かつて見事なトンボを見せてくれていた、例えば、「うさぎ」とか、「みのむし」という名前であった人々が成長して名題役者になり、坂東橘太郎や坂東三津之助として、些細な脇役であっても、舞台を引き締めているのを見るのは嬉しい。主役を勤める役者も、相手を返す呼吸を会得するために、若い時には、トンボの練習を積んでいるという。

　坐ったままでトンボをかえる平馬返りは、その特殊なものであり、滅多に見られるものではない。私はその時に初めて見たと思う。今では、平馬返りが演じられるのは、「実盛物語」のこの場面だけであり、それもいつでも必ずというのではない。珍しくその年の十二月にも「実盛物語」が歌舞伎座で上演されたが、その時に瀬尾を演じた役者は平馬返りを見せてはくれなかった。

　ところで、「瀬尾返り」ではなく、なぜ「平馬返り」なのか、という私の疑問は、『源平布引滝』が掲載された『名作歌舞伎全集』第四巻に折り込まれた、博識で知られた八代目坂東三津五郎による手記で解けた。平馬とは、『菅原伝授手習鑑』の「配所の場」に登場する鷲塚平馬を指す。ただし、この場が上演されることは無いも同然であるので、「平馬返り」と言うと、「実盛物語」が指摘されるらしい。

　『菅原』のどこに鷲塚平馬という人物が登場するのか、という質問に、ただちに答えられる人は滅多にいないと思われる。芝居全体の流れを大雑把に見ると、大序の「大内山」に始まり、序の「加茂堤」と「伝授場」、二段目は「道行」と「道明寺」、三段目が「車引」に「佐太村（賀の祝）」、四段目として「配所と天拝山」に「寺子屋」、そして五段目の「大内山」で終わる。このなかで「車引」と「寺子屋」はしばしば上演される。「道明寺」も見た、という人も多いかもしれない。だが、最近では、「佐太村」が上演されることは稀である。役者が揃うか、ということも問われるのであろう。

だが、こうして順序を追ってその成り行きを思い描くと、梅王、松王、桜丸の三兄弟（三つ子？）がそれぞれの妻を伴って父親である白太夫の古希の賀を祝う「佐太村」の場とその後日談として四段目以下の続き具合が分かる。桜丸の哀れな落ち入りの後、「配所の場」で白太夫は筑紫に流された菅丞相に仕えている。梅の花が咲く季節である。都に残した梅の花を思って「東風吹かば匂いおこせよ梅の花、主なしとて春な忘れそ」と丞相が懐かしんでいると、白梅が、まさに都に残した懐かしい白梅の木が、配所の寺に一夜のうちに移り、根を下ろしている、という菅丞相ゆかりの飛梅の逸話の成立となることがらが寺の僧侶から告げられる。

驚き喜んで梅の木を眺めていると、梅王も現われる。彼は残された丞相の御台所と若君をそれぞれ安全であるように手配し、筑紫に向かったが、その途次、丞相の首を取りに来た藤原時平の家臣鷲塚平馬と船に乗り合わせたので、捕まえて引っ括って来る。

「梅は飛び桜は枯る丶世の中に、何とて松のつれなかるらん」との歌で梅に準え、丞相は梅王の忠誠を褒めるが、平馬から時平の横暴を聞くと、怒りに燃えて、白梅の枝を折り取り、それで平馬の首を打つ。するとその首が飛ぶ。その演技が「平馬返り」であるが、一九四五年以後にこの場面が上演されたのは、一九六六年の国立劇場開場記念公演だけらしい。その時に「平馬返り」が演じられたのか、それとも倒れただけなのかは分からない。

話を続ければ、場面は「天拝山」となり、菅丞相は雷となって荒れ狂い、五段目の「大内山」で、その御霊鎮として天神様と祭られることになる。その前の四段目の切りに当たる「寺子屋」で、松王は自分の息子を菅丞相の若君の身代わりにし、しかもそれによって救われる、つらく重い気持ちを「梅は飛び……」の歌に託すのである。

さて、「実盛物語」に戻ろう。「平馬返り」であれ、そうでない場合であれ、瀬尾が落ち入った後、実盛は太郎吉の成人後に戦場での再会を約束をし、馬に乗って去る。その幕の引き際に、太郎吉を自分の馬の前に乗せたりする演出もあり、実盛は情の細やかな品のいい落ち着いた思慮深さに溢れた人物として描かれている。

『源平布引滝』は、この後、四幕目、五幕目と続くが、実盛は現われない。物語としては、二十年あまり後になる五幕目の木曽館で、成人した義仲の初陣に手塚太郎光盛になった太郎吉が武将として従うことになるが、そこで終わり、実盛が討たれようと約束をした加賀篠原の合戦の場はない。『平家物語』や能『実盛』などで語られる斎藤実盛の最期を辿り見る前に、彼の出自について語られていることも見ておきたい。

## 五

斎藤実盛の生年は不明であるが、加賀篠原における源義仲との合戦で戦死したとされるので、没年は寿永二（一一八三）年であり、平安時代後期の武士である。彼の名前は『平家物語』巻第七に見えるが、その脚注（日本古典文学大系33岩波書店一九六〇）によれば、藤原利仁の子孫とされている。利仁は芋粥の逸話で知られる伝説的な人物であり、武勇にも秀でていたらしいが、さらにこの人の祖を五代ほど遡ると、藤原魚名（七二一～七八三）、すなわち、藤原房前の五男に行き着き、藤原北家に連なる。魚名は大納言や左大臣などを歴任し、仏教信仰が厚かったことが伝えられているが、七八二年の氷上川継の謀叛に連座し、罷免され、その後、病没した。

その流れを汲む藤原利仁は公家ではなく、平安時代中期の武人とされる。生没年は分からないが、父は鎮守府将軍民部卿時長、母は越前国人秦豊国の娘であり、越前敦賀の藤原有仁の婿になり、同国に住む。上野介・上総介などを経て、延喜十五（九一五）年鎮守府将軍、従五位上武蔵守・左近将監になるが、本拠は越前に置いていたらしい。桓武天皇の孫輔世王の娘と利仁との間に生まれた子叙用が加賀の斎藤・富樫の祖と言われる。

芋粥伝説とは、『今昔物語』巻二十六「利仁将軍若時従京敦賀将行五位語《トシヒトノシヤウグンワカカリシトキキヤウヨリツルガニゴヰヲヰテユキタルコト》第十七」および『宇治拾遺物語』巻一の十八「利仁芋粥事」に記載された伝承のことである。それを要約すれば、芋粥を満腹するまで食べてみたい、という関白藤原基経に仕える貧しい五位の願いを耳にした利仁が彼を越前に招き、村人を総動員して辟易するほどに芋粥を勧めてもてなした、という話である。それだけであれば、利仁の豊かさともの好き、そして地方に所領を持つものの力量のある生活振りが描かれているだけで、後に伝えられるほどの話ではない。だが、利仁が五位を伴って京から越前に戻る途次で、野狐に使いをさせて、家人にもてなしの準備を命じるなど、随所に超現実的なことがらが散りばめられている。五位は一か月ほど客として越前に滞在し、多くの土産を手にして京に戻った、という一種の龍宮城物語でもある。

この話をもとにして芥川龍之介は十頁ほどの短篇小説「芋粥」を書いた。話の内容は『今昔物語』などで伝えられたことと大差はない。ただ、芥川は藤原利仁よりも五位を中心にして、近代的な心理描写小説にした。貧しく、みすぼらしい五位にとって芋粥は何にも優る美味に思われていた。だが、彼が利仁に招かれ、越前の館で溢れるような芋粥を前にした時、胸がつまり、食傷するまで芋粥を食べたい、と願っていた頃の自分の幸せを強く感じた、というのである。

ところで、この芋粥に使われた芋は何であろうか。薩摩芋は江戸時代中期に徳川吉宗が奨励し、青木昆陽が普及させたことが知られているが、おそらく平安時代には一般に栽培されてはいなかったと思われる。馬鈴薯であった、とも考えにくい。とすれば、可能性があるのは、里芋もしくは山芋である。その芋粥が無上の御馳走であった五位の物語は、彼の素朴さとともに、当時の食生活の一半を垣間見せてもいる。

藤原利仁の名は、鎌倉幕府の記録文書である『吾妻鏡』にも見出される。巻九の文治五（一一八九）年九月二十八日に、源頼朝は藤原泰衡を平定しての帰路、平泉近郊の田谷（達谷）窟に立ち寄り、かつてそこに立てこもった悪路王（蝦夷族長・阿弖流為？）や赤頭らを、坂上田村麻呂や藤原利仁が打ち破った話を聞いた、と記されている。利仁と坂上田村麻呂とでは年代が合わないように思われるが、『吾妻鏡』にも記載されているということは、彼が武将として活躍した証なのかもしれない。

## 六

斎藤実盛が藤原利仁から何代後になるのか、いつから斎藤姓を名乗ったのか、などのことははっきりしない。父斎藤実直が藤原利仁の子孫であり、祖父実遠の養子になったという。生まれたのは越前であり、源義朝に従い、保元・平治の乱で武功を立てたが、義朝が凋落した後、平宗盛に仕え、長井荘の管理に当たったので、武蔵国長井に移り住み、長井斎藤別当と称した。歌舞伎もしくは浄瑠璃の「実盛物語」の話は架空のできごとであるにしても、彼が宗盛に仕え始めた頃を設定している。

その後二十有余年が流れ、平清盛はすでに世にない。情勢は不穏である。信濃国を本拠とする木曽義仲は北陸一帯に勢力を伸ばし、平家にとって目ざわりな存在になる。寿永二（一一八三）年五月、平惟盛を総大将として平家方は十万余騎の軍勢を率いて加賀国篠原（石川県片山津町）に陣を敷く。越後の国府（直江津市南部）にいた義仲は五万騎を引き連れて迎え討とうとする。『平家物語』巻第七「篠原合戦」では、戦を目前にしながら、俣野五郎景久、長井斎藤別当実盛、伊東九郎祐氏、浮巣三郎重親、真下四郎重直らが日ごとに寄り集まり、源氏につくか、平氏につくか、と決めかねている。彼らは東国では名を知られた武将であり、あなた、こなたとその都度力のある方に行くのは見苦しい、という考えを述べるものもいた。実盛は「老齢でもあり、自分はこの度のいくさに討ち死にするつもりである」との覚悟を述べて、これまで通り平家方につくことを表明する。一同それに賛意を示し、平惟盛の陣に加わり、むざんにも、一人残らず北国で討ち死にをした、と伝える。

『平家物語』の作者は実盛に好意を抱いていたのであろう。続く「実盛」の章で彼の最期を詳しく描き出している。赤地の錦の直垂に、もよぎおどしの鎧を着て、くわがたを打った兜の緒をしめ、黄金作りの太刀をはき、きりうの矢おい、滋藤の弓をもち、連銭葦毛の馬に黄覆輪の鞍を置いて乗っていた。その実盛をよい敵と目をつけたのが、木曽方の手塚太郎光盛である。両者は戦ったが、実盛が討ち取られる。その首を、服装から見て、大将かと思えば、引き連れる郎党もいないので、光盛は不審に思いながら、義仲に捧げる。実盛を熟知していた樋口次郎兼光が呼び寄せられ、老武者と侮られないために髪を染めて戦場に出る、と実盛が語っていたことがわかり、首を池で洗わせると、白髪が現われる。

実盛が、大将のみに許される錦の直垂を着用していたことについては、富士川の戦いでの平家方の恥辱を晴らしたく討死を覚悟の戦の前に、宗盛に断って許しを得ていたという。近年は武蔵の長井に居住していたが、もともとは越前の者であるので、故郷に錦を着て帰れ、との喩にならって願ったのである。「朽もせぬむなしき名のみとどめをきて、かばねは越路の末の塵となるこそかなしけれ」と『平家物語』では語られている。『源平布引滝』の「実盛物語」は、『平家物語』の「実盛」のプレヒストリーの創作とも云えよう。歌舞伎の舞台では実直な趣の理想的な中年の武士の姿であったが、二十年あまり後の戦場で討ち死にをした時の出で立ちは「実盛物語」における予告通りの華やいだ若づくりであった。

世阿弥も能「実盛」を残した。実盛の討ち死にから二百年くらい後、世阿弥二十歳頃の作である。内容は『平家物語』を能になおしたと言ってもよいが、実盛の霊が遊行上人の前に現われたという言い伝えもあったらしい。加賀国篠原の里の実盛の首が洗われた池の畔に現われて、毎夜、念仏を唱える老人こそ、執心が残った実盛の化身である。この前シテが幻になって消え、ワキの遊行憎が念仏を唱えた後、出端の囃子に連れて後シテの実盛が力強く登場する。樋口次郎が涙を流しながら彼の首を認めたことや錦の直垂の由来などが明らかにされ、老いの身の力なく手塚太郎光盛に討ち取られたので、その「跡弔いて賜び給え」と終わるのである。

実盛の人気は、さらに続く。江戸時代の俳人松尾芭蕉（寛永二一（一六四四）年〜元禄七（一六九四年））は元禄二年三月末から八月にかけて東北地方を周遊した。言うまでもなく、『奥の細道』の旅である。江戸深川から北に向かって歩みを進め、日光、白河、松島、平泉に至って行路を西にとり、立石寺に立ち寄り、出羽三山を巡って、さらに象潟を訪れたのち、日本海に沿って南下し、七月末に加賀小松の太田神社（小松市多太神社、多田八幡）で、芭蕉は斎藤実盛の兜を見出した。そのときのことを、きわめて細やかに書き記しているので、そのまま引用したい。なお、実盛は眞盛と記されている。

「太田の神社に詣。眞盛が甲・錦の切あり。往昔、源に属せし時、義朝公より給はらせ給とかや。げにも平士《ヒラサムライ》のものにあらず。目庇より吹返しまで、菊から草のほりもの金をちりばめ、龍頭《タツガシラ》に鍬形打たり。眞盛討死の後、木曽義仲願状にそへて此社にこめられ侍よし、樋口の次郎が使せし事共、まのあたり縁紀にみえたり。」

この詞書きに続いて、「むざんやな甲の下のほととぎす」の句が添えられる。「むざんやな」という句は、『平家物語』や能「実盛」で、首を目にした樋口次郎が「あな無慚や」と語ったことによるのであろう。芭蕉は小松から敦賀、彦根を経て大垣にいたり、そこで『奥の細道』の旅は終わる。その後は、郷里である伊賀に戻り、さらに関西地方に滞在して、元禄四年の秋になって、漸く江戸に帰着した。

いまでも、実盛の兜や錦が多太神社に保存されているのか、また、芭蕉が見た兜や錦の切れが本当に実盛が着用した品であるのか、ということは分からない。彼が多太神社を訪れた時、すでに実盛の死後、約五百年が経過しているのである。だが、真偽のほどはさだかではなくても、実盛についてこのような伝承が残されていたという事実を、斎藤実盛が愛すべき人物であった証として、それゆえに芭蕉の『奥の細道』よりも五十年ほどを経た後にも、歌舞伎の「実盛物語」が書かれた、ということを私は強調したい。

だが、それだけではない。東京にも斎藤実盛を偲ぶ碑が残されている。地下鉄の白金高輪駅から徒歩五分ほどのところにある立行寺は大久保彦左衛門（一五六〇～一六三九）ゆかりの寺として知られ、大久保寺とも呼ばれている。寛永七（一六三〇）年に大久保彦左衛門が創建した時は別の地にあったが、寛文八（一六六八）年に現在の地に移ったという。この境内に大久保彦左衛門とその一族の立派な墓が並び、その脇には伝説的な存在である一心太助の墓もある。大久保彦左衛門は菩提寺である岡崎の長福寺に葬られたはずなので、こちらの墓は供養塔かもしれない。私たちは、遺体もしくは遺骨を収めるために墓が必要である、と考えているが、元来は、死者を供養する場であったと思われる。

おそらく、そういった供養のために建立されたのであろうが、この大久保寺に斎藤実盛の碑が目立たずひっそりと佇んでいる。三年ほど前の秋、白金に住む知人に案内を願って、私は立行寺を訪れた。掃除も行き届き、花も手向けられている大久保彦左衛門と一心太助の墓碑を微笑ましく確認し、帰りかけた時、実盛の名を刻んだ墓石が目についた。思いがけないできごとであり、私はとても嬉しかったが、同行の知人は、たまには歌舞伎も見るらしいが、斎藤実盛の名に覚えはないという。地味な芝居であり、上演頻度にもよるのであろう。石碑からは、文化年間（一八〇四〜一八一八）に手塚光盛の末葉により祀られたらしいことが辛うじて読み取れたが、詳細は寺でも不明らしい。

『源平布引滝』の「実盛物語」では、百姓九郎助の孫太郎吉を手塚太郎光盛と名乗らせ、心ならずもその母小万を切り捨てたゆえに、太郎吉が成人した後、親の仇として討たれよう、と約束をして別れた斎藤実盛である。手塚光盛について『平家物語』や能「実盛」が伝えるのは、実盛を討ったことだけである。それを補う意味もあったのであろうか、浄瑠璃では、光盛は瀬尾十郎兼氏の孫であり、瀬尾の娘である小万と多田蔵人行綱との間の子とされているので、篠原の戦いで実盛を討ち果たしたのは、彼の派手な装束が光盛の目を引いたからではなく、光盛にとっては母小万の仇討ちという、やむをえぬ仕儀であったことを推測させる。能は修羅物の例に従い、光盛に対する恨みが実盛を亡霊にさせ、「篠原の土となって、影も形も亡き跡の、影も形も南無阿弥陀仏、弔ひて賜び給へ、跡弔ひて賜び給へ」と謡わせる。だが、芭蕉の句に籠められた思いや、歌舞伎での情に溢れて思慮に富んで颯爽とした人物像、そして人知れず建立されていた供養塔の存在を知れば、斎藤実盛の霊も執心を拭いさり、迷うことなく成仏するであろう。いや、すでにすべてを知り、歌舞伎の舞台に登場したような穏やかな姿で微笑みを浮かべ、彼岸から現世に目を向けているのであろう。

文献・資料
平家物語上下　日本古典文学大系32、33　岩波書店　一九五九～六〇
今昔物語集四　日本古典文学大系25　岩波書店　一九六二
宇治拾遺物語　日本古典文学大系27　岩波書店　一九六〇
謡曲集上　日本古典文学大系40　岩波書店　一九六〇
芭蕉文集　日本古典文学大系46　岩波書店　一九五九
浄瑠璃集下　日本古典文学大系52　岩波書店　一九五九
吾妻鏡（二）　岩波文庫　一九四〇
名作歌舞伎全集　第二巻　東京創元新社　一九六八
名作歌舞伎全集　第四巻　東京創元新社　一九七〇
芥川龍之介全集1　筑摩書房　一九六四
魚住孝至『芭蕉　最後の一句』　筑摩書房　二〇一一
新潮日本人名辞典　新潮社　一九九一
日本歴史人物事典　朝日新聞社　一九九四

## 付記

本文で名前を出した坂東橘太郎と坂東三津之助の現状について触れておきたい。

坂東三津之助は二〇一三年十一月に五十一歳で逝去された。新開場杮葺落八月納涼歌舞伎で坂東三津五郎による「髪結新三」の肴売新吉を演じ、威勢のいい鰹の売り声を聞かせてくれ、この役は三津之助のものになった、と思ったばかりのことである。何とも残念であり、ご冥福を祈る。

おめでたい話もある。坂東橘太郎は新装歌舞伎座初の團菊祭（二〇一四年）で幹部俳優に昇進、市村橘太郎になり、尾上菊五郎による「魚屋宗五郎」の小奴三吉を演じて他の役者たちとともに纏まりのある舞台を形づくり、楽しませてくれた。現在では、橘屋一門の中心的な役者として活躍されている。このような人達が脇役として芝居を充実させることで、見応えのある芝居が形成されるのだと思う。

# 切手になった歌舞伎（二〇〇七年）

郵便切手の一義的な存在理由は、文書を送達する、という実用的な意味にある。だが、それだけに止まるなら、その図柄を考える必要はない。郵便物が着いたとき、まず、受取人の目にはいるのは、切手である。美しい切手が貼ってあると、やはり、嬉しい。封書や私製葉書を投函するまえに、どんな切手を貼ろうかと考えるのも楽しい。図柄の綺麗な記念切手が売り出されたりすると、使用の有無を棚上げにして、買い込んで置いたりもする。

このような傾向は私だけではないらしい。知人のなかに、歌舞伎や古典芸能に関連した切手を貼付して下さる方があり、喜んでいると、さらに多くの未使用の切手まで送って下さった。その方は別に歌舞伎愛好家ではないから、おそらく、外国宛ての郵便用に保持されていたのであろう。眺めているだけでも楽しいが、いずれ、切手になった歌舞伎を紹介してみたいと思った。だが、どのような具合に取り上げたらいいのか迷っているうちに、数年が過ぎた。このままでは、こちらの寿命も危なくなる、と思いいたり、役柄による分類など考えず、単純に発行年の順序にしたがって記述してみることにした。

一九四九年から五二年にかけて、夏目漱石、野口英世など十八人による、文化人切手が発行された。それぞれの色はグレー、茶、緑など多様であるが、すべて単色で右脇に人物名、左に日本郵便とした枠のなかに肖像写真がはいっている。私が高校から大学に入る頃であり、終戦直後のインフレはようやくおさまりかけていた。それでも二、三年の間に封書の送料が二円値上げしたのであろう。五一年までは八円、五二年になると十円である。

その文化人切手のなかに歌舞伎俳優が一人、明治の劇聖といわれた九代目市川團十郎がはいっている。こころもち斜め前に傾けた品のいい面長な表情をしている。この切手の存在を、「日本切手図鑑」という一九七一年のカタログで、私は知っただけであるが、歌舞伎俳優が文化人切手のなかにはいっていたのは嬉しい。

次に現れたのは、一九六六年の国立劇場開場記念切手である。素朴な作りの文化人切手など、はるか過去のものになったと言いたいほどに、多色刷りで美しい。劇場全景（十五円）、大劇場の歌舞伎（菅原伝授手習鑑・車引、二五円）、小劇場の文楽（本朝廿四孝・十種香の八重垣姫、五十円）の三枚組であった。車引の切手は横長で、松王、梅王、桜丸の三兄弟が壊れた車から立ち上がった藤原時平に打ちかかろうとする瞬間を見事に写しだしているが、誰がそれぞれの役を演じているのかということは、はっきりしない。文楽の八重垣姫は縦長であるが、この二枚の大きさは同じである。値段が文楽のほうが二倍になっている理由はわからない。

四年後の万国博が開かれた年には、古典芸能切手が発行される。雅楽、能、歌舞伎、文楽などが、それぞれ三枚組になり、美しい色刷りであった。歌舞伎は十八番の勧進帳（五十円）と助六（十五円）、それに女形の代表的な舞踊娘道成寺（十五円）である。そのころ封書は十五円であったのかもしれない。五十円というのは海外向けの航空便料金を考慮にいれたのであろうか。ちなみに雅楽では胡蝶と還城楽が十五円、太平楽が五十円であり、能では葵上と田村が二十円、羽衣が五十円になっている。いずれも五十円の切手は横幅が倍近くある。

切手の助六は花道で傘を広げた見栄をしている場面であるが、これは舞台を直に写したものではなく、ポスター用に写されたものであろう。演じているのは、海老蔵時代に人気の高かった、十一代目市川團十郎と思われるが、彼は一九六五年に世を去っている。

娘道成寺と勧進帳は舞台面をそのままに切手にしている。道成寺の踊り手は六代目中村歌右衛門、烏帽子をつけ、赤の着付けで、「花のほかには松ばかり」と能がかりで踊りはじめたところである。後ろの地方《ぢかた》には名人三味線と言われた杵屋栄二の顔も見える。

勧進帳は前半の偽の勧進帳読み上げの場面、弁慶を中央に、上手に富樫が立ち、下手に義経が踞っているが、誰が演じているのかは明確には読み取れない。

私が見落としていたのかもしれないが、この後しばらくは、歌舞伎が切手に登場することはなかったように思う。だが、一九九一年六月から九二年にかけて歌舞伎シリーズという切手が発行される。これが第何集まで続いたのか、うかつなことに、私は正確なことを知らない。それぞれの集が過去の名優による舞台と当時の役者の名舞台という一枚で構成されていたらしい。過去の名優による切手は単色で六二円、もう一方はカラーで少し大きくなり、値段も百円になっている。

第一集は六代目尾上菊五郎の鏡獅子と中村歌右衛門の八重垣姫である。名舞台と言われた菊五郎の鏡獅子は、その幕切れの姿が彫刻になって国立劇場のロビーに飾られているが、切手では、幕切れにいたる直前の勇壮な髪洗いの場面が写し取られている。一九四九年に死んだ菊五郎の舞台を残念なことに私は見てはいない。それでも切手を眺めていると、その躍動感が伝わる。歌右衛門の八重垣姫は私も何度か見ている。切手になったのは十種香の場で、武田勝頼に出会う柱巻きの立ち姿が見事に決まっている。この赤い衣装は二〇〇一年春に歌右衛門が世を去ったとき、その本葬や埋骨の際に遺骨の収められた箱に掛けられていた。

三か月ほど後に出た第二集は七代目松本幸四郎の弁慶と十一代目市川團十郎の粂寺弾正である。勧進帳の弁慶については説明の必要はなかろう。現在の松本幸四郎の祖父にあたる七代目は弁慶役者として知られていた。六代目菊五郎と前後して没したので、この舞台も私は見たことがない。

粂寺弾正を演じている團十郎は七代目幸四郎の長男である。現在では、毛抜、鳴神、不動は独立した演目として十八番のなかに数えられているが、元来は鳴神不動北山桜という御家騒動が絡んだ芝居に組み込まれていた。粂寺弾正はその毛抜の主人公である。荒事であり、知力にも優れているが、いささかふざけた冗談好きで色好みなところのあるこの男は、鉄製の毛抜が動くので、磁石のからくりを見抜き、その場面での騒動を取り静めて颯爽と引き上げていく。この切手だけではどの場面かはっきりはしないが、おどけたところのある楽しい舞台を連想させる図柄である。

続いて現れた第三集は三代目中村梅玉の扇屋夕霧と二代目中村雁治郎の紙屋治兵衛、ともに関西の演目を関西系の役者が演じている。夕霧は、伊左衛門との仲がめでたしめでたしで終わる、上方和事の代表とも言うべき廓文章の吉田屋の場面であろう。この中村梅玉も私は知らないが、その名跡は中村歌右衛門の長男（養子）が継いでいる。

紙屋治兵衛は心中天網島を歌舞伎にした演目の主人公であり、女房おさんがいながら、遊女小春と馴染んだ悲劇である。この河庄の場面で頬かむりで顔を隠してとぼとぼと花道を登場する姿はつっころばしという上方歌舞伎の代表的な役柄である。この二代目雁治郎の長男は、近年、坂田藤十郎を襲名した。

一九九二年三月には、第四集として、初代中村吉右衛門の熊谷次郎直実と十三代目片岡仁左衛門の翁が切手になる。この吉右衛門も、私が歌舞伎に足を運ぶようになる二、三年前に他界されたので、渋い実直な舞台を見てはいない。彼については小宮豊隆が絶讃した文書を残している（小宮豊隆『中村吉右衛門』岩波現代文庫二〇〇一年）。

長命であった十三代目の仁左衛門は私も何度か見る機会があった。翁が切手になるのも納得のいく品のいい役者であった。菅原伝授手習鑑の菅丞相は晩年の彼の持役であったが、伊左衛門や恋飛脚大和往来の忠兵衛など、上方和事にも何とも言えない味わい深い舞台を見せてくれた。現在の仁左衛門は彼の三男である。

第五集は二代目実川延若の石川五右衛門と初代松本白鸚の大石内蔵助である。五右衛門は金門五三桐もしくは楼門五三桐の外題で演じられる南禅寺山門の場である。絶景かな、と五右衛門が花見をしている、その山門がせりあがり、巡礼姿の真柴久吉（秀吉）が現れる、というただそれだけの場面しか、現在の歌舞伎では演じられないが、絢爛とした色彩の美しさに目を奪われる。芝居全体は秀吉の朝鮮侵攻に対する明の怒りをテーマにした壮大なものである。この実川延若の長男が三代目を継ぎ、立役として気持ちのいい舞台を見せてくれていたが、この人も一九九一年に亡くなり、今では誰もその屋号河内屋を名乗る人がいないのは淋しい。

元禄忠臣蔵（真山青果作）の大石内蔵助を演じている松本白鸚は八代目松本幸四郎の晩年の名前であり、このシリーズの第二集で弁慶を演じていた七代目松本幸四郎の次男である。渋い舞台を見せてくれる役者であった。その長男が現在の松本幸四郎、さらにその長男が市川染五郎であり、この家系は順調に継続している。

なお、このシリーズかと思われる二枚の切手が私の手元にある。その一枚は七代目尾上梅幸の藤娘、もう一枚は二代目尾上松緑の曽我五郎と十七代目中村勘三郎の曽我十郎による寿曽我対面である。ともに綺麗な色刷りで、第五集までとは違って二枚とも、当時の役者によって演じられている。梅幸の藤娘は可愛くて楽しかったし、松緑と勘三郎による対面も切れ味のいい舞台だったことが思い出される。この人たちもすでに故人になったが、梅幸の長男が七代目尾上菊五郎、松緑の場合には孫が四代目尾上松緑として、さらに、中村勘三郎の長男であった十八代目中村勘三郎は、新装なった歌舞伎座開場以前に惜しまれつつ他界されたが、その子息である中村勘九郎と中村七之助の兄弟も、現在、それぞれ活躍している。

この他にも、歌舞伎シリーズとして発行された切手があったかどうか、ということは私にはわからない。

年代順に見て来た切手の最後としては、二〇〇三年に歌舞伎発祥四百年記念として発行された二枚組がある。出雲の阿国以来ということであれば、四百年と言えるのかもしれない。ともに当時の封書用の八十円切手であり、一枚はかぶき者と言われた派手な扮装で太刀を手にして踊る阿国の絵姿である。他は歌舞伎十八番の土蜘蛛と暫と思われる場面が一枚のなかに重ねられているが、誰が演じているのかは、はっきりしない。

この他に番外として、江戸時代後期の浮世絵師による役者絵の切手についても付記しておきたい。一九八四年には、切手趣味週間として東洲齋写楽による大谷鬼次の江戸兵衛と岩井半四郎の重の井が、ともに六十円切手として発行された。江戸兵衛がどのような芝居の役であるのか、私は知らない。重の井は恋女房染分手綱の調姫の乳母であり、三吉との子別れの場が現在でも演じられている。

一九八八年には、国際文通週間として歌川国政による岩井粂三郎の千代（八十円）と歌川豊国が描いた三代目市川高麗蔵の佐々木巌流（百二十円）が現れた。千代は菅原伝授手習鑑・寺子屋における松王の女房である。後者は敵討巌流島とかいう芝居があると聞いてはいるが、私は見たことがない。

このような役者絵は、現在のプロマイドのように、芝居好きが手に入れて珍重しただけでなく、地方から出てきた人の郷里への江戸土産としても利用されたらしい。娯楽の少なかった時代である。見たことはなくても、いや、見たことがないからこそ、話に聞く役者の姿絵に対する憧れも強かったのであろう。

今日では、娯楽が発達し、伝達手段も様変わりした。手紙よりもメールが巾を聞かせるようになり、歌舞伎芝居も郵便切手も、ともに日常性から脱落していくかのようである。それを寂しく思うのは、二十世紀の生き残りである証拠かもしれない。

# 五幕目　歌舞伎に見る六歌仙の諸相（二〇一五年）

## 一

六歌仙と呼ばれる人々の名が定められたのは古今和歌集の序による。この和歌集は紀貫之（八六八〜九四五）、紀友則（九〇五以後没享年六十歳位、貫之の従兄弟）、凡河内躬恒（生没年未詳）、壬生忠峯（生没年未詳）らによって選ばれ、九世紀末から十世紀の初めにかけて、すなわち、宇多天皇（在位八八七〜八九七）および醍醐天皇（在位八九七〜九三〇）の時代に、約千百首、二十巻に纏められた歴史上最初の勅撰集であり、成立したのは九〇五（延喜五）年もしくは九一四年とされている。

「やまとうたは、ひとのこころをたねとして、よろづのことの葉とぞなれりける」で始まる貫之による仮名序が有名であるが、仮名ではなく眞名序すなわち漢文による序もあり、これは紀淑望《よしもち》（九一九没）によると伝えられている。どちらが先に執筆されたのか、なぜ筆者が違うのか、などもはや明瞭ではないらしいが、当時の身分などの問題もあったのであろう。

紀淑望の父紀長谷雄（八四五〜九一二）は菅原道真（八四五〜九〇三）に学んだ文章博士で正三位権中納言であり、その息子である淑望も大学頭で東宮学士であったらしい。貫之は土佐守で従四位下に止まったらしいから、宮中の地位も違ったのであろう。余談ながら、道真が太宰権帥に流罪になったのは九〇一年であることを思い浮かべると、六歌仙と呼ばれる人々が活躍したのは、歌舞伎で言えば、『菅原伝授手習鑑』と同時代、すなわち、平安時代初期である。

古今集に話を戻すと、仮名序と眞名序の内容には、少なくとも、六歌仙については基本的に相違はない。六歌仙評は文学史上最初の個人批評と言われているが、この序で取り上げられた順序で、仮名序で述べられた内容に眞名序で語られていることを付記し、さらに蛇足を加えながら、とりあえず、それぞれの人物を見ていきたい。

## 二

まず、僧正遍昭（遍照、弘仁七（八一六）〜寛平四（八九二））について紀貫之は「歌のさまはえたれども、まことすくなし。たとへば、ゑにかけるをうなをみて、いたづらに心をうごかすごとし」と述べる。眞名序でもほぼ同様の内容であり、「華山の僧正は尤も歌の體を得たり。

然れども、其の詞華にして、実少なし、圖画の好女の徒らに人の情を動かすがごとし」と褒めているのか、貶しているのか、判然としない。それでも古今集には二十首が載せられている。なお、華山の僧正と言われるのは、貞観年中（八五九～八七七）に山科の花（華）山に元慶寺を創建したことによる。

この人は桓武天皇の孫であり、俗名は良岑宗貞、左近衛少将であり、良少将と通称され、蔵人頭として仁明天皇に仕えたが、天皇崩御（嘉祥三（八五〇））により出家し、天台宗に帰依し、貞観元年には真言伝法阿闍梨位を受ける。さらに仁明天皇の子である光孝天皇にも重用され、仁和元（八八五）年に僧正になり、宮中で七十歳の賀を祝われている。小野小町とは清水寺で出会い、歌のやりとりをした、という逸話も残る。

なお、藤原定家は貫之と異なり、遍昭について「それこそが歌」と評価し、小倉百人一首に「天つ風雲の通ひ路吹きとぢよ乙女の姿しばしとどめむ」を入れている。

次の在原業平（天長二（八二五）～元慶四（八八〇））も天皇の孫である。平城天皇の皇子阿保親王と桓武天皇の皇女伊都内親王との間に五男として生まれているので、在五中将とも呼ばれた。能の「松風」や舞踊「汐汲」の伝説になった在原行平は兄であり、兄弟揃って雅男《みやびお》として人々の口の端に上っていたらしい。ただ、当時の雅男は草食系の優男などではない。危険が迫れば、身を挺して恋人を護る腕力をも備えた逞しい男《おのこ》であったことが残された文学作品などから窺われる。

業平は紀有常の娘を妻としたらしいが、情熱的で和歌にすぐれていたところから、情事も多々あった。貫之は「その心あまりて、ことばたらず。しぼめる花のいろなくて、にほひのこれるがごとし」と評し、その例として「月やあらぬ春やむかしのはるならぬ我身ばかりはもとのみにして」という歌を指摘する。眞名序でも同様のことが述べられているが、古今集には最多と思われる三十首が収録され、藤原定家による百人一首には、「ちはやぶる神代も聞かず龍田川からくれなゐに水くぐるとは」が入っている。

業平については東京の隅田川近辺にも伝説が残る。数年前まで東武伊勢崎線で浅草の次の駅は「業平橋」であったのに、現在では「東京スカイツリー」になってしまった。歴史的伝承が現代の機械文明に敗北した事例と見るべきであろう。「業平」という地名がその近辺の墨田区にまだ残っていることを救いと思うべきかもしれない。その近くで隅田川の吾妻橋と桜橋——これは優美な形の歩道橋である——との間にかかる言問橋も業平との関わりが語られている。『伊勢物語』の作者については明瞭に断定され難いらしいが、それはともかく、その第九で「名にし負はばいざ事とはむ宮こ鳥わが思ふ人はありやなしやと」と隅田川の渡し舟で詠んだ「身をえうなきもの」に思いなして都より東に下ってきた男は業平以外には思い浮かべたくない。東夷《あづまえびす》の江戸にも心情に優れた雅男が残した足跡を読み取りたいのである。

隅田川のさらに上流には梅若伝説の木母寺もある。梅若丸については、時代もはっきりしないが、明らかに業平と同様に平安時代初期の人物として名を残した巨勢金岡《こせのかなおか》も東国にまで足を伸ばしたらしい。この宮廷画家が描いた作品は残っていないが、八九五年まで宮中での事跡が記録されている。風景画、風俗画に優れていたらしく、宮廷に止まることなく、旅に出たのであろう。隅田川まで足を延ばしたかどうかは判らないが、横浜のはずれ、鎌倉に近い金沢は現在でも八景を数える景勝の地である。その景色を見下ろせる小高い丘の上に能見堂という祠が建っているが、その名は巨勢金岡に由来する。彼がその丘に登り、辺りを見回したところ、あまりの絶景にノケゾッタので、そこに建つ祠は能見堂《のーけんどー》と呼ばれると伝える。真偽のほどは不明にせよ、このような伝承が残ることは都人の東下りの一端を示すものであろう。

三番目に古今集の序で挙げられる文屋康秀は生没年不詳ではあるが、古今集撰集の時代に生きていた官僚である。三河掾、山城大掾、縫殿助などを歴任し、仁明天皇や二条の后藤原高子などの周辺に仕えたらしいが、不遇であったともいう。古今集には六首載せられたが、うち二首は子の朝康の作とも言われる。仮名序では『ことばはたくみにて、そのさま身におはず。いはば、あき人のよききぬきたらんがごとし」と厳しい。眞名序では「文琳」と呼ばれているが、「巧みに物を詠ず。然れども、其體俗に近し。商人の鮮かなる衣を着たるがごとし」と同様の内容が述べられている。このような評は平安時代の都人が派手なものを避け、洗練された風雅さを好んだ証とも言えよう。

小倉百人一首には「吹くからに秋の草木のしほるればむべ山風をあらしといふらむ」が採り上げられているが、この歌も朝康の作とする説もある。

残る三人は確かに実在したが、しかしきわめて伝説的であり、生没年など不明である。まず、宇治山の僧喜撰について「ことばかすかにして、はじめをはり、たしかならず。いはば、秋の月をみるに、あかつきの雲にあへるがごとし」と貫之は語り、古今集にただ一首掲載され、後の小倉百人一首にも入った「わが庵は都の辰己しかぞ住む世をうぢ山と人はいふなり」の歌を引用した上で、「よめるうた、おほくきこえねば、かれこれをかよはして、よくしらず」と断っている。眞名序では冒頭に「其の詞は華麗にして首尾停滞せり」と置いているが、あとは同様である。

彼は古今集の時代にすでに過去の人であったのかもしれない。橘諸兄の孫であったとも伝えられるが、宇治山中に隠棲し、宇治市東方に喜撰山という地名もあるらしいが、やがて仙術により雲に乗って飛び去ったという伝承も残る。

女流歌人が多数いるなかで、小野小町は六歌仙ただ一人の女性であり、「いにしへのそとほりひめの流れなり」と、仮名序でも眞名序でも等しく語られているところからもすぐれて美しい才女であったに違いない。ただ、彼女の出自については、出羽郡司小野良真の娘で、小野篁の孫などとも伝えられるが、はっきりとせず、徒然草一七三段でも「小野小町がこと、きはめて定かならず」と記されている。

貫之の仮名序には「あはれなるやうにて、つよからず。いはば、よきをうなの、なやめるところあるににたり。つよからぬは、をうなのうたなればなるべし」とあり、眞名序では「然れども、艶にして気力無し。病める婦の花粉を着けたるがごとし」とされ、たおやかな美女が連想されている。

だが、時代とともに、この美女の扱いも変わってくる。室町時代には、小町は能の題材として多く扱われた。「通小町」「草紙洗小町」「卒塔婆小町」「鸚鵡小町」「関寺小町」の五曲は現在でも演じられるが、廃曲になったものも多数あるらしい。だが、謡曲では、必ずしも、「あはれなるようにして、つよからず」といった美女として描かれているのではない。むしろ美女の移ろう果てを採り上げているのは、時代の変わってゆくさまを体験した日々の想いが人々の心の奥底に秘められていたからであろう。ストーカーの先駆けのような深草少将の逸話による「通小町」は観阿弥の作と伝えられるが、前半では深草少将の怨霊によって死後も成仏できずに迷う彼女の亡霊が市原野の姥の姿で現れる。若い小町が演じられるのは、「草紙洗」のみであろう。他の三曲は白髪の老婆になった小町である。

小野小町の歌は古今集には十八首が入集、小倉百人一首では、年月の移ろいを自分の身に反映したかのような「花の色はうつりにけりないたづらにわが身世にふるながめせし間に」が採択されている。

六歌仙の最後は、小町と「草紙洗」で争った大伴黒主である。貫之によると、彼は「そのさまいやし」と片付けられている。これは雅びではない、ということであろう。「いはば、たきぎおへる山人の、花のかげにやすめるがごとし」と続いているし、眞名序では「頗る逸ありて、體甚だ鄙し。田夫の花の前に息めるがごとし」とされ、「いやし」に「鄙し」を当てていることからも、「いやし」を必ずしも非難の意で使っているのではなかろう。なお、眞名序では「黒主が歌は、古の猿丸大夫の次なり」ともされ、猿丸大夫の第三子とする説やら、大友皇子の末裔とも言うが、いずれも疑わしい。近江国滋賀郡大友郷（現大津市）の大友村主の一族とも伝えるが、これも不明である。ただ、黒主を謀叛人に仕立てたのは、江戸時代になってからの歌舞伎芝居だけらしい。

他の勅撰集などと合わせると、彼の和歌は一〇首伝わるが、猿丸大夫の「奥山に紅葉踏み分け鳴く鹿の声聞く時ぞ秋は悲しき」が小倉百人一首に入っているのに、黒主の歌は入っていない。古今集に入集しているのは次の三首である。

巻二（八八）　春さめのふるは涙かさくら花ちるをおしまぬ人しなければ

巻一四（七三五）　思ひいでてこひしき時ははつかりのなきてわたると人しるらめや

巻二〇（一〇八六）あふみのやかがみの山をたてたればかねてぞみゆるきみがちとせをこの最後のものは「神遊の歌」であり、醍醐天皇の大嘗会の際の近江国の風俗歌と言われる。このような黒主の歌も古今集に収録されたのは、万葉集に東国からの防人の歌が載せられていたのに準じて男女身分を問わず、優れた作品の収拾が心掛けられた成果であろうと推測されうる。

## 三

前置きのような六歌仙についての説明が長くなった。ここからは芝居の話に入っていきたい。『六歌仙容彩《ろっかせんすがたのいろどり》』という題をもつ変化《へんげ》舞踊では、六人の歌人がそれぞれの特色を示しながら描き出されているが、だが、その内容に入る前に、歌舞伎での舞踊、すなわち、所作事のありかたについて触れておきたい。

現在では、通し上演でなければ、時代物と世話物を一幕づつ、「みとり」と言うらしいが、面白そうな場面だけをつまみぐいのように取り上げて、昼の部と夜の部で上演する二部興行制を採ることが多い。その時代物と世話物との間の中幕として、通例、舞踊が演じられる。とはいえ、これは単なる気分転換の役割を果たすだけではない。「娘道成寺」など女形の活躍の場であり、時によっては、中幕目当ての観客も多くなる。

それだけではなく、通し狂言でも、怪談物のように不気味で暗い幕切れになる芝居の場合など、観客を明るく送り出すために、最後に明るい舞踊が演じられることもある。歌舞伎での舞踊の役割は大きい。

詳しいことは私などにはわからないが、歌舞伎役者は子供の時から舞踊に勤しんでいるらしい。舞台で踊るためだけではなく、芝居のなかの身のこなし一つをとっても、花道の歩き方だけでも、演じている役割を観客が感じ取れるのには、身体で表現する、という修行が子供の時から厳しく積まれた成果であろう。踊りの身体が出来ていれば、いざ、舞台に出す時になっても、振りの手順を覚えさえすれば済む。それだけでなく、踊りの地方《ぢかた》である竹本、長唄、清元、常磐津や、お囃子にいたるまで、稽古を積むらしい。歌舞伎役者には舞踊の流派の家元である人もかなり多いと聞いているが、表面は華やかに見える役者の生活の基盤をなしているのは、素人には想像もつかないほどの努力の日々を幼少の頃から過ごした成果であろう。

芝居としての舞踊に趣向が凝らされてくると、道成寺物や石橋物のような一つの主題によるものだけでなく、一人の役者が多様な人物になって彩り豊かな風俗を踊り分け、衣装の引き抜きなどの早変わりを観客が楽しむ変化《へんげ》舞踊も多々考案されてくる。変化舞踊は妖怪変化とは関係はない。「大原女」が舞台で引き抜いて「奴」になったり、可憐な「羽根の禿」がおどけた「うかれ坊主」に舞台で一瞬のうちに変わったりする変化である。

現在では独立した演目として扱われている「藤娘」も、「座頭」や「天神」などとともに、『けいせい反魂香』という芝居で吃又と呼ばれた浮世又平が描いた大津絵から抜け出た人物たちが順番に踊りだしたという想定の変化舞踊の一つであったという。五役や七役を踊り分ける五変化物、七変化物と大掛かりになり、地方も長唄、常磐津、清元、竹本など、時には掛け合いになったりして、多様な雰囲気をかもし出しながら、全体としての纏まりもつけて、大切り所作事として上演されることもあったらしい。

当然のことながら、一人の役者が踊り分けて見せ、それが観客の喝采を浴びたのであった。しかしながら、変化物が全体として今日まで伝えられているのは、『六歌仙容彩』だけである。多くの舞踊が五変化物、七変化物の一つとして伝えられ、他にどのような演目があったか、という名前は伝えられても、地方の音曲も所作の振りも分からなくなり、なかには復活を試みられたものもあるらしい。

## 四

変化舞踊は十九世紀前半に創作されたものが多いらしい。『六歌仙容彩』も天保二（一八三一）年に江戸中村座で二代目中村芝翫、後の四代目中村歌右衛門によって初演された。作詞は松本幸二、歌右衛門は四代目までは女形ではなく、立役であったことは、浮世絵に残る芝居絵からも明瞭である。六歌仙ではあるが、「遍照」「文屋」「業平」「喜撰」「黒主」の小見出しで五人を踊り分けた五変化物である。だが、小町が無視されたのではない。初演時に小町を誰が演じたのかは分からないが、歌右衛門が演じる五人の歌人がヒロイン小町もしくは小町のような存在と想定される祇園の茶汲女お梶を追いかける舞踊劇が一時間四〇分ほどにわたって展開されたのであり、小町は全体を通してのマドンナである。

しかしながら現在では、この五人を一人で踊り抜く場合は珍しい。「大原女」が「奴」になるような役柄がはっきり変化するものとは違って、平安時代初期の五人の歌人を舞踊で表現し分けるためには、高度な演技力が必要とされるであろうし、踊り抜くには、体力的にも重労働であろう。一九四五年以後の七十年間を見ても、国内の主な劇場で五役すべてを演じたのは、三代目市川猿之助（一九六五年、現市川猿翁）、八代目坂東三津五郎（一九六九年）、十八代目中村勘三郎（一九八九年、勘九郎の時代であった）、十代目坂東三津五郎（二〇〇一年、二〇〇九年）の四人による五回のみである。五変化物として上演されても、「文屋」もしくは「業平」だけは他の役者が代わったり、また、五役すべてを異なった役者が演じることもある。「喜撰」や「文屋」だけが独立して採り上げられる場合も多い。いずれの場合にも、幕切れなどに適切な変容を加えることになるのは、やむをえない。なお、女形の小町とお梶についても、同一の役者であったり、二人で演じ分けたりする。
二〇一五年四月の昼の部で、『碁盤太平記　山科閑居の場』と『廓文章　吉田屋』との中幕として『六歌仙容彩』が上演された時は、大名題役者が五人の歌仙を順次踊り分け、小町を演じた中村魁春、お梶の中村芝雀（現中村雀右衛門）をも含めた大幹部俳優たちが競演した、きわめて贅沢な舞台であった。中村翫雀による四代目中村雁治郎襲名披露興行であり、襲名を祝っての顔寄せが実現し、それぞれの柄にもっとも適した役で踊り分け、楽しい一時間四〇分を繰り広げてくれたのである。

管弦の音があって幕が開くと、舞台は三間で、中央が上段の間であるが、いずれも御簾が下りている。下手も上手も観音開きの木の襖、大内の御所である。この御所のどこかには巨勢金岡が描いた襖絵もあったかもしれない、などと想像するのも楽しい。官女たちが宮中の歌合の準備で右往左往しているところに、上手の竹本の「ここに僧正遍照の、昔は花の良峯と」につれて、遍照が下手から現れる。出家したとはいえ、光孝天皇のお覚えもめでたく、宮中にも出入りしていたのであるから、御所に姿をみせるのは不思議ではない。問題は何をしに来たのか、ということである。出自から言えば、桓武天皇の孫であり、学識にすぐれた高位の僧としての衣服を身にまとっていながら、普段とは違って何か落ち着き無くあちこちに目を走らせているのは、歌合に新たに召された小野小町を探しているのである。真面目でありながら、どこかおどけたこの遍照を演じた市川左団次は、まさに適役であった。

それに気づいた官女たちが、小町は勅定により吟詠の最中なので、対面なさりたければ、また重ねてお出向きを、などと慰めていると、「いろ見えてうつろうものは世の中の人の心の花にぞありける」という小町の声が御簾のうちから響く。中央の御簾が上がり、短冊と筆を手にした中村魁春扮する小町が姿を現わし、遍照がいるのに気づいて下におりる。竹本が語る遍照の煩悩を察した小町や官女たちが、僧正の身であることを気遣い、寺に帰るように勧める。それに従い、名残惜しげに見返りつつ戻る遍照を小町も頭を下げながら送り出し、官女に導かれて御簾のうちにもどる。人間の心という自分の思いのままにはならないやる瀬なさをいやみなく描き出した一五分ほどの短い物語である。

ここで歌合について触れておきたい。左右に分かれるので、それぞれの方人《かたうど》と呼ばれる複数の歌人がたがいに一首づつ和歌を詠み、勝敗の数を計算する集団競技であり、仁和元（八八五）年、在原行平邸で催されたのを始まりとし、歴史的には何期かに分かれ、時代ごとに変容しながら、明治末まで一〇〇〇年以上にわたって続いたという。現在でも行われている連歌の形式になった俳諧の会を「歌仙を巻く」というのは、その流れの一つかもしれない。

遍照が御所で耳にした「いろ見えてうつろうものは世のなかの人の心の花にぞありける」という小野小町の歌は古今集の「巻第十五　戀歌五」に収録されているが、「(寛弘四（一〇〇七）年一月～五年二月）公任前十五番歌合」の八番にも掲載されている。相手は藤原元輔、どちらに軍配が上がったのかはわからないが、この歌合には、紀貫之、在原業平、遍照らの名前も見える。だが、最後の十五番には、柿本人麿と山部赤人の歌が載せられているのは、年代から見て不整合ではなかろうかと思う。

地方が清元に変わり、古今集の序の順序とは違って、次に登場するのは文屋康秀である。彼は八人の官女によって中に入れないように制止され、付きまとわれている。この官女たちは、遍照の時とは異なり、大柄で勇ましい。前者が奥に仕える官女たちであるとすれば、文屋とともに登場するのは水汲みや下働きなどの力仕事を担当している女性たちであろう。立役のごつい役者たちが勤めることになっている。一目会いたいと小町を探している文屋は、身分の低い公家ながら、自分の有能さを鼻にかけて色男ぶる厭味な存在であり、この官女たちにとって、からかってみたい相手であったに違いない。この役が片岡仁左衛門であったのは、姿がよくて、厭味に演じても舞台の品がいいし、さらに、文屋は五役のなかでも、官女たちとの問答が重要なので、仁左衛門の口跡の良さもあってのことであろう。

「なんと皆さん康秀さまに、なんぞ問いかけて、困らそうではござりませぬか」という提案に同調した官女たちによって文屋は舞台の真ん中に押し出される。たあいのない問答には、その時期に話題になっていることが組み込まれたりして、観客の笑いを誘うこともあり、これといった定めもないらしいが、「お船は」と聞かれて「浮いてこい」、「鳶は」と問われて

「飛んでこい」などと答えた挙げ句に、「水鶏《くいな》は」との問いに答えられずに詰まり、文屋は官女たちを突き飛ばし、小町を探して御殿に駆け込んでいく。追い出すために、官女たちも彼の後を追う。この幕は、遍照よりも心持ち長いが、それでも二〇分位であろう。

地方が長唄になり、次に姿を現わすのが、中村梅玉による色男と噂の高い在原業平、「梓弓、引けば本《もと》すえ我方《わがかた》へ、……」の歌に相応しい武官の出で立ちで、手には弓を携えている。巻き上げられた中央の御簾内には、遍照の時と同じく魁春の小野小町が十二単衣で檜扇を持ち、桜の枝には短冊が付けられている。「神に誠を明石湾、幾代か通う浦々千鳥、啼いて濡れなん涙の雨よ」と歌う地方に託して自分の想いを伝えようと寄り添う業平を小町はやんわりと振り払い、檜扇を翳して、上手に入る。ひとり残された業平は静かに花道に去る。しっとりと落ちついたこの幕は一〇分位で短いが、品と落着きをたたえて、ひとまず宮中の場面に区切りをつけるのである。

舞台ががらりと変わり、江戸時代の花の祇園が眼前に広がる。隠棲していた宇治山中から喜撰法師はいずこへともなく雲に乗って飛び去ったと伝えられるが、彼は空間的に遠方に行ったのではなく、時間的に何百年かを飛び越えたのであろう。よく知られた彼の和歌を捩った「我が庵は芝居の辰己常磐町、しかも浮世を離れ里」と語る清元に連れて揚幕から姿を現わす坊さんは、平安時代初期の高僧という趣ではない。酒の入った瓢箪をぶら下げた桜の枝を手に花道の七三で止まり、祇園町を遠目に眺めてご機嫌である。

清元と掛け合いの長唄「ほうしほうしはきつゝきの、すけんぞめきで帰らりょか、……ぬらりくらりと今日もまた」と浮かれ浮かれて足取り軽く舞台に来たのは、尾上菊五郎演じる喜撰である。舞台の上手からは中村芝雀扮する茶汲女の祇園のお梶が現れてお茶を勧める。彼女の美しさに見とれた喜撰はその茶をうっかりとこぼしてしまう。「わたしゃお前の政所」と世話をするお梶を口説きながら喜撰は、願人坊主の大道芸であるチョボクレまで踊りだす。その喜撰に前垂れを被せてお梶は上手に引き込む。

そこに花道から大勢の所化が「お師匠様いのう」と叫びながら走り出て来る。行方知れずになった喜撰法師を探しに来たのである。先頭の所化は大きな傘をもっている。それに目を止めた喜撰が「雨も降らぬにこの傘は」と訝しみ、「貴方へのご意見でござります」との答えに、「濡れるを厭うという心か」と納得する。「めでたき御代に住吉の」「松は常盤の」「一踊り」と所化も師も賑やかに住吉踊りに浮かれ、ともに本坊に帰っていくはずだが、もしかすると、喜撰も弟子の所化たちも浮かれて祇園に舞い戻るかもしれないような佇まいである。弟子の所化たちが師である喜撰を名僧知識として敬っているのか、ということには疑問が残るが、慕っていることは確かだという、ほのぼのとした明るい思いを感じる後味のいい三〇分あまりの舞台を菊五郎は見せてくれた。

この幕切れは、変化舞踊の基本通りに一人で五役を踊り抜く場合と、何人かで分けて踊る場合、また、この幕だけを独立して演じる時では、前後の場面との移り変わりに要する時間と手順のために、それぞれに工夫が凝らされる。いずれの場でも、一人の役者が通す場合には、扮装など次に移る準備も必要である。そのためには、官女たちがそれぞれ、遍照や文屋が去ったのちにも、舞台にしばし残ってゆっくり去る工夫がなされる。業平までの三人が芝居をするのは同じ御所の場面であるが、喜撰になると、舞台は同じ京都ではあっても、平安時代初期の御所内から江戸時代の祇園に変わる。小町に振られた業平がしおれながらも悠然と花道を揚げ幕に向かって歩んでいる時に、舞台は江戸時代に変わり、喜撰の出を待つ。揚げ幕に入った業平は、そこで喜撰の扮装を整え、桜の枝を担いで、足取り軽く祇園に向かう花道に歩みださねばならない。

五人で踊り分ける場合には、官女たちが幕開きや幕切れに時間稼ぎをする必要はなく、遍照や文屋とともに賑やかに舞台から去る演出を採りうるので、一人で五役を通す場合よりも、上演時間は心持ち短くなる。

喜撰は五変化の役のなかでも、独立した演目となることが多い。長さから言っても、彩り豊かな楽しい内容から言っても、当然であろう。その場合には、舞台中央の喜撰に後ろから傘をさしかける筆頭の弟子をはさんで両側に所化たちが舞台一杯に並んで華やかに幕になる。

この舞踊を襲名披露の演目にした役者もいた。屋号を大和屋という坂東三津五郎は、八代目、九代目、十代目と三代にわたって、この演目で襲名披露をしている。踊りの名人といまだに讃えられている七代目も同様であったかもしれない。戦後も、彼は何回か踊っているが、残念ながら、私は観そこなった。この人が晩年に、六代目中村歌右衛門の「娘道成寺」につきあって押し戻しを演じたり、『慶安太平記』の「お堀端」で、初代の猿翁になった二代目市川猿之助の丸橋忠弥を相手に松平伊豆守をすっきりと見せてくれたのは、うろ覚えながら、目に残っている。三津五郎家は舞踊坂東流の家元でもあり、喜撰は坂東家のものと、私など思い込んでいたこともあって、尾上菊五郎の喜撰も楽しく、決して不満があったわけではないのだが、喜撰は三津五郎であったら、という欲が出たのは、十代目が二〇一五年二月に急逝されたからかもしれない。

「肉体の芸術ってつらいね、そのすべてが消えちゃうんだもの」という言葉は、仲がよかった中村勘三郎の葬儀で、涙ながらに三津五郎が述べた弔辞の一齣であるが、三津五郎の訃報を知った歌舞伎ファンの多くは、彼自身に対してもこの表現を実感したことであろう。すでに半世紀以上ものあいだ私も歌舞伎を楽しんできたので、その間には多くの名優がこの世から去って行った。そのたびに、あの舞台ももう見られない、という寂しさはあった。しかし中村歌右衛門、二代尾上松緑、中村富十郎、十三代片岡仁左衛門、四代中村雀右衛門など、充分に舞台を勤め挙げられ、天寿をまっとうされたと思われるような場合には、心のなかで密かに、いままで楽しませて下さってありがとうございました、と呟いたりもした。しかし三津五郎の場合は違う。その逝去は早すぎた。

同年齢であった勘三郎は三年も早く他界したではないか、と言われるかもしれない。しかし彼はすでに多様な役を個性豊かに手掛けてきたし、串田和美と組んでコクーン歌舞伎や平成中村座を実現し、プロモーターとしても優れた才を発揮して若手を育てたり、歌舞伎の窓口を拡げた。まだまだ手がけたいことは多かったに違いないが、しかし外野から見ると、もちろん苦労もあったとは思うが、望んだことは次々に実現できた幸せな役者であったと思われる。それに比して、色々な意味で、三津五郎はようやくにして手がけたい役を演じられる段階に達したところであったと思う。言葉を変えれば、失礼な表現ではあるが、三津五郎にはまだまだ伸びしろがあり、それが開花しかけていたのである。

坂東三津五郎家は、森田座の座主であり、役者としても名家であった。七代目など、六代目尾上菊五郎と競い合う名優であり、踊り手であった。だが、実子に恵まれず、八代目、九代目は養子として他家から迎えられ、十代目がようやく九代目の実子として誕生したのである。それぞれが役者として優れていたが、歌舞伎役者としては、幼少時にどのような育ち方、どのような修行を経てきたか、ということが重要である。そのようなところからであろうか、代々の三津五郎は脇役を引き受ける立場に甘んじていた。

もちろん、脇役が優れていなければ、見応えのある芝居にはならない。芝居はチームワークで決まる。舞台に立つ役者だけでなく、音楽担当の地方や黒御簾内の人々、小道具や大道具、衣装方や鬘とその髷を結う床山、さらには後見に付く人々など、客席で観ているだけでは判らない多くの人々の力が必要である。そのすべてのバランスが採れていなければ、見応えのある芝居にはならない。主役だけでは、芝居は成り立たないのである。

九代目三津五郎が脇役を引き受けていると、舞台に引き込まれるように芝居が見応えのあるものになっていた。十代目もそのことを充分に弁えた上で、その役割に止まらずに、数々の主役も手がけるようになり始めていたのである。品のいい面差しで、口跡もよく、踊りで鍛え抜かれた容姿は、小柄であるにもかかわらず、舞台では大きく立派であった。勧進帳の弁慶を演じても、決して小さくは見えなかった。「いぶし銀」のような、という形容が当てはまる行儀のいい、誤魔化しや媚のない、楷書の芸であり、次世代の役者たちが受けとめて欲しい芝居であった。これからも多くの舞台を楽しませてくれるであろうと期待していたし、踊りでも、「保名」や「二人椀久」など、坂東流のものではないのかもしれないが、いずれ見せて欲しい演目であった。

その十代目がもっとも得意とした、もしくは、人々がそのように感じた演目が喜撰であったと言えるのは、彼の著書『踊りの愉しみ』(岩波現代文庫二〇一五、長谷部浩による聞書、編集)の只一枚の色刷りのグラビアにも、追悼号として刊行された『演劇界』(二〇一五年五月号)の表紙にもその役が扱われているからである。前者は桜の花を錫杖に見立てて踊るチョボクレ、この場面は『演劇界』のグラビア頁にも掲載されている。後者の表紙は酒の入った瓢箪を吊るす桜の枝を手にした花道の出の写真、洒脱で砕けていながら、品のいい楽しい踊りであった。それにもかかわらず、息子である坂東巳之助にたいして、「本当は『喜撰』なんて、俺のニンじゃないと思うんだけど、うちの大事なものだから、やらなくてはならないんだよ」と語っていた（『演劇界』）という。それが本心であったなら、よくあそこまで、と巳之助は父にたいする尊敬を深めた、と言うが、私は本心だと思う。喜撰法師の瓢逸な洒脱さは三津五郎自身の性格ではなかったかもしれないからである。「ニンに合っている」ということから言えば、尾上菊五郎に軍配が上がるであろう。だが、それにもかかわらず、一般に、「ニンに合っている」「ニンではない」と役者について語られる段階を超越するところまで、坂東三津五郎は稽古を積んで自分を鍛え上げていたのである。

十代目三津五郎の芸には器用なところもあったかもしれない。しかし決して小器用ではなかった。何よりも芝居好きな芝居小僧として、生まれながらに備わっていた芝居の才能を、大事に大事に鍛え、磨き上げた踊りであり、歌舞伎であり、誤魔化しのない芸であった。彼の芝居を観終わって劇場から帰る時の心地よさは最高であった。もはや、彼の『六歌仙』の通しを見られないのが、何とも残念である。

だが、三津五郎が健在であったとしても、四月の歌舞伎座における喜撰の役は彼には来なかったかもしれない。遍照の市川左団次、文屋の片岡仁左衛門、業平の中村梅玉と並べると、三津五郎は十歳余り若い。やはり喜撰には、役者のバランスからしても尾上菊五郎が適役であったことになる。最後に登場する大伴黒主は中村吉右衛門、年齢、芸容などから見て不足はない。長老級になってしまった役者たちのなかで、もっとも伝統を死守している一人である。二代目として祖父である初代の芸を継承していくためには、苦労も多かったであろう。だが、現在では、身体表現としての芝居の大きさを舞台で十全に発揮しうる折り目正しい楷書の芸を見せてくれる第一人者である。

黒主の場は謡曲の「草紙洗」を前提にしているので、まず、そちらを見ておこう。この能は観阿弥作とも、世阿弥作とも言われるが、主題は歌合である。前半はその召人の一人である小野小町の私宅、そこに相手と定められた大伴黒主が忍び込む。彼女の歌の才にはかなそうにないと思う彼はひそかに様子を探りたく、「蒔かなくになにを種とて浮き草の、波のうねうね生ひ繁るらん」と彼女が詠じるのを耳にして、引き上げて行く。なお、この歌は古今集には収録されず、その出典は私にはわからない。

後半はその翌日の歌合の場、清涼殿の庭である。人物は小町と黒主のほか、紀貫之と朝臣たち、さらに帝（子方）である。命にしたがい、小町が歌を詠じ、帝が褒めたたえる。だが、それは萬葉の古歌である、と黒主はいきり立つ。小町は反論するが、黒主はその歌の載った萬葉集を示すので、うなだれて彼女は立ち去りかける。哀れに思った貫之が小町を呼び止めると、彼女は示された萬葉に書かれた古歌の訝しさを訴える。帝の許しをえて、その草紙を洗うと、墨は流れて白紙になる。昨夜、黒主によって新たに書き加えられたものであった。恥じて自害しようとする黒主を小町はとりなし、勧められた彼女は和歌を讃えて舞い、小町と黒主に遺恨は残らず、めでたく終わる。

歌舞伎では、能の後半部分を採り上げる。場面は御所の庭、満開の桜を背に地方の長唄が並び、「蒔かなくに……」と歌い始める。唄と三味線が七人ほどずつ並ぶ雛壇の中央が割れて、黒主と小町が奥から押し出されて来る。冠装束で笏を持ち、立身に構えた黒主は、圧倒するような威厳に満ち、きわめて立派であり、決して鄙びた存在ではなく、これまでの四人の色男たちに比して何ら遜色はない。傍らの小町は御所の正装である十二単衣にもかかわらず、たすき掛けで、右手には古歌が記された草紙をもつ。いま、まさに草紙を洗おうとするところである。

祈りながら小町が草紙に水を注ぐと、文字は消え、和歌は萬葉の古歌ではなく、書き加えられたものであったことが判明する。江戸時代の大衆が「草紙洗」の故事にどこまで通じていたのかは判らない。だが、歌舞伎では、この後が謡曲とは異なる。黒主の詠んだ和歌は、「草紙洗」でも、歌舞伎でも明らかにされてはいないが、宮中の歌合の場でここにいたるまでに紹介されたのであろう。その歌に謀叛の志あるのを、小町は暴露する。黒主が刀をつきつけると、小町の合図により、捕手が押し寄せる。とはいえ、それは派手な花四天であり、黒主は捕らえられた具合に取り囲まれ、めでたく幕になる。

この動きの少ない一幕は舞踊というよりも、表現を重視した芝居というべきであろう。黒主は国崩しを企む大悪を、身体の動きを極度に抑えながら、表現しうる力をそなえた役者でなければ勤まらない。そうでなかった場合には、一五分位の短い幕ではあるが、退屈なものになり、『六歌仙』の締めくくりにはならない。中村吉右衛門は、まさに、この大役に相応しい幕切れを演じたのである。

## 五

『六歌仙容彩』に先駆けて、大伴黒主を悪の巨頭にした芝居もある。「関の扉」と略称される舞踊狂言の正式名称は「積恋雪関扉《つもるこいゆきのせきのと》」、だが、これも『重重人重小町桜《じゅうにひとえこまちさくら》』という、天明四（一七八四）年十一月江戸桐座で初演された顔見世狂言の大切所作事であった。作詞は宝田寿来すなわち劇神仙、『六歌仙容彩』よりも、ほぼ半世紀前である。

現在では、「関の扉」が時おり演じられるのみであるが、このように大切所作事で終わる『隅田川続俤《すみだがわごにちのおもかげ》』が同じく天明四年に書かれている。奈河七五三助による、俗に「法界坊」と呼ばれるこの戯曲は、隅田川周辺を舞台にしているにもかかわらず、大坂角の芝居に書き下ろされた。色欲物欲が絡まり合った小悪党たちが織りなす明るい幕が多いためか、今日でも、通しで上演されることもあり、その最後に「双面水照月《ふたおもてみずにてるつき》」と題した所作事がつく。葱《しのぶ》売《うり》お組の姿で現れた法界坊の亡霊に野分姫の亡霊が取りつくので、「双面」と名付けられた、いささか怪奇じみたこの一幕は、常磐津による所作事だけが採り上げられても、観客には全体の粗筋は知られていたと思われる。この場合とは違って、『重重人重小町桜』が初演以後どのように採り上げられてきたのか、ということは私にはわからない。恐らく、戯曲のほとんどが伝えられることなく失われてしまったのであろう。だが、残った「関の扉」だけでも充分に顔見世の役割は果たしている。

六歌仙すべてが登場するのではなく、木樵(もしくは関守)関兵衛実は大伴黒主、良峯宗貞(後の僧正遍照)、小野小町、および傾城墨染実は小町桜の精の四人が、地方の常磐津の名曲により、一時間半に及ぶ舞台を繰り広げる。関兵衛実は黒主は座頭級の立役、宗貞は二枚目役者、小町と墨染は立女形、この場合には役者は三人であるが、時によっては、墨染が立女形、小町は若女形と分けて、四人になる。二〇一五年二月の歌舞伎座では、尾上菊之助が両役とも演じた。

時は仁明天皇崩御後まもない頃、舞台は雪の逢坂山の関、中央に時ならぬ満開の桜、上手にこじんまりした住居があり、御簾が下りている。ただし、歴史的に見ると、仁明天皇の崩御は八五〇年、逢坂山の関所は七九五年に廃止されているので、ここには時代錯誤があるが、うるさいことは言わないでおこう。幕が開くと、関兵衛が樵のなりで薪に寄り掛かり居眠りをし、そばに手斧も置いてある。

天皇崩御を悼んで逢坂山の詫び住まいに引き籠もった宗貞は御簾のうちで琴を奏でている。その音につられるように小町は宗貞を訪ねて花道を歩んで来る。宗貞はほどなく出家し、遍照になるのであり、三十歳代後半になっているはずだが、優男振りを発揮しうる役者の持ち役らしい。旧知の間柄の小町と宗貞は、互いに憎からず思い合っていたものの、周囲の事情により離れ離れになっていた、という設定である。『重重人重小町桜』が通しで演じられるなら、その辺りの事情もわかるのかもしれない。

関に辿り着いた小町と関兵衛との間で身振りや問答により、「通してほしい」、「通せない」の遣り取りがおもしろおかしく交わされた後に、宗貞と小町との久方ぶりの会話から、関兵衛はこの女性が小町であると知る。京の不穏な情勢を宗貞に伝えるために、彼女は雪の山道を一人で歩いてきた。旧知の仲とはいえ、久しぶりの邂逅に、すぐには二人が打ち解けないので、関兵衛が仲を取り持とうと、おどけた場面になるが、彼が懐中から割符と勘合の印を取り落とすのを見て、宗貞と小町は頷き合う。二人に訝しく思われた関兵衛が上手に引っ込むと、飛び込んできた斎頼《せいらい》の鷹が「二子乗舟」と血で記した片袖を落とす。それにより宗貞の弟安貞が無念の死を遂げたことを二人は知る。

「斎頼」とは後冷泉天皇の時代の鷹飼の名人といわれた源斎頼を指すらしいが、これも時代的には不適合である。この鷹や、割符、勘合などの謂れは、もしも、この戯曲全体が演じられたなら、たやすく納得できるのかもしれない。それでも面倒なことは言わずに舞台に集中するのが、天明歌舞伎の楽しみ方である。

関守関兵衛の怪しい所業を京にいる小野篁に伝えるために、小町は花道から立ち去る。宗貞は片袖を弟安貞と見て供養をし、琴の下に隠す。一杯機嫌で再び関守が現れると、宗貞は心を残しながら、奥に入り、前半は終わる。小町の想い人という設定の宗貞は、比較的動きの少ない役であるが、単なる二枚目の美男子ではない。学識優れ、出家して遍照となっても、政局に応じて、宮中から声が掛かる人物であった。小町も彼のもとでの情報交換を必要として、雪の逢坂山を訪れたのであるから、それだけの意味を観客に感じ取らせる重厚さも役者は示さなければならない。

一人舞台に残った黒主は、前半での樵の風情をかなぐり捨てて、酒を楽しんでいる。その大盃に映る星影から、桜の古木を伐って護摩木として祈れば、大願成就は心のまま、という星相を読み取る。しめた、とばかりに手斧を研ぎ、試しに座敷の琴に刃を当てると、先程の片袖が現われ、それを手に取ると、懐に入れていた勘合の印が桜の枝に飛び移る。怪しい桜だ、と黒主が斧で切ろうとすると、ドロドロと舞台は暗くなり、木のウロに傾城の姿をした墨染桜の精が浮かび上がる。

この桜の存在は、金剛流の能「墨染桜」の物語が下敷きにされているらしい。「深草の野辺の桜し心あらば今年ばかりは墨染に咲け」という上野岑雄の哀傷歌（古今集巻第十六、八三二）を仁明天皇の崩御にたいする追悼と見て、たしかに一年は墨染色に咲いたが、小野小町の歌により、再び色を取り戻した、という設定である。「関の扉」の主人公は舞台上の桜の古木である。

墨染色に桜の模様を散らした衣装を身に纏った桜の精は、傾城墨染と名乗り、請われて、廓の駆け引き、手管の諸訳などを語るうちに、関兵衛が例の片袖を落とす。そこに書かれた文字こそ夫の血汐によるもの、と叫ぶ墨染は「われは非情の桜木も、人界の生を受くれば、七つの情も備わって、五位之助安貞殿と、契りし事も情けなや」と、衣装も桜の色にぶっかえり、本性を明かす。「かくなる上は何をか包まん。われこそは中納言家持が嫡孫、天下を望む大伴黒主とは、おれがことだわやい」と、樵の衣装もぶっかえって黒の公家姿で、大百日鬘の黒主になった関兵衛は、斧を取り直して打ちかかるが、桜の枝をかざす精霊を討ち果たすことは出来ず、幕になる。

## 六

人間が有限であるかぎり、その本性には悪も潜んでいる。悪がなければ、道徳も宗教も必要はない。ここで悪の概念規定をするつもりはないが、悪が存在しなければ、すなわち、すべての人間が聖人君子であったなら、芝居も文学も、そして社会全体が無味乾燥したものになるであろう。意識するにせよ、無意識的にせよ、人間は絶えず自己内の悪を克服しながら生きねばならないのである。

歌舞伎で扱われた六歌仙のなかでは、大伴黒主ばかりが悪の代表のようにされたが、他の五人（四人？）も決して悪から免れているのでない。仏教で悪の根源としている煩悩のうちの色欲にすべてが囚われている。その強弱の程度に差はあっても、誰でもが心のうちに潜む悪が顕在化しないように抑制している、もしくは、抑制すべきであるのは、仏教のみならず、キリスト教でもイエスが「心に疾しさのないもののみがその女を打て」と述べたことから推測できる。

心のなかの悪が顕在化してきたとき、その現象に応じて非難の対象になる。遍照、文屋、業平、喜撰、さらに小町も、煩悩という克服しがたい悪に囚われていても、否、むしろ煩悩に囚われているがゆえに、彼らの行為は社会のなかで愛すべき存在として許容された。だが、古今集の序文で「いやし」とか、「鄙びた」とされた黒主は色欲という煩悩のみに囚われた存在と見ては相応しくない。とはいえ、黒主の扱いの変遷を辿ってみると、能の「草紙洗」でも、決して国崩しを目論む大悪ではない。小町の歌に難癖をつけて功を焦る愚かな小悪党である。時代は将軍足利義満のもとで新しい文化が開き始めた頃であり、猿楽から浄化しつつあった能楽は、困難にも遭遇したが、めでたく小町が舞い納めることがそのパトロンの望むところであったと思われる。

だが、江戸時代になると、彼の悪事は反逆を企てた存在、一揆の首謀者のような人間、換言すれば、芝居好きの庶民に愛されたヒーローに仕立て上げられる。「関の扉」が初演された天明四（一七八四）年は、江戸時代も半ばを過ぎ、将軍は家治、事実上の権力者であった田沼意次支配の末期である。この年に彼の息子意知は江戸城内で刺されて死に、その翌々年に意次も失脚、将軍は家治から家斉になり、松平定信による寛政の改革が始まる。社会には不満が燻り、国崩しの大悪人の出現も庶民の夢のなかで望まれたのであろう。そこに大伴黒主の出番も来る。

寛政の改革は芝居にも多くの規制を加えたが、定信は一七九三年に老中を辞す。その後、水野忠邦による天保の改革（一八四一年）が実施される一〇年前の天保二年に初演されたのが、「六歌仙容彩」である。その前後の芝居などに関連した事象をあげれば、一八二九年に鶴屋南北が死に、三一年に十返舎一九没、三三年には為永春水の『春色梅児誉美』の初編が刊行され、そして鼠小僧次郎吉が処刑された。彼の墓は両国回向院にあり、そこには一七九一年に手鎖刑に処せられた山東京伝（一八一六没）も葬られている。幕府の屋台骨も揺らぎはじめていることは、江戸の庶民にも感じられた頃であり、人々は社会の変革も遠からぬ将来のこととして思い描きながら、「六歌仙」の華やかな諸場面の最後に、黒主を天下を狙う悪人に仕立てたのであろう。

「六歌仙」ならぬ「天保六華撰」もこの時代に現れる。文政六（一八二三）年に処刑されたと伝えられる江戸城の茶道を勤めた河内山宗俊を中心に、直侍と言われる片岡直次郎とその恋人三千歳、その他三人を加えて六人にし、すでに天保年間に講釈師によって語られていたのを、明治になってから河竹黙阿彌が『天衣紛上野初花《くもにまごううえののはつはな》』という題で、七幕の世話物に纏めた。現在でも通し上演されることもあり、また、河内山を中心に「松江邸」や、直次郎が三千歳を訪ねる「入谷の寮」の場のみが取り上げられたりする。「六華撰」は、歌の嗜みなどとは無縁の庶民の物語である。

芝居は見て楽しむ観衆がいなければ成り立たない。民衆の楽しみは時代とともに変容する。社会がいかなる娯楽を生み出したのか、というところにその時代の精神性を見出すこともできよう。現代では娯楽が多様化した。だが、何を楽しんでいるのであろうか。仕掛けは大きいが、空虚で内容のない風船のようなものであった、などという厳しい批判が後の時代の人々によって下されることがないよう願っている。

参考文献

古今和歌集　日本古典文学大系八　岩波書店　一九五八年
竹取物語　伊勢物語　大和物語　日本古典文学大系九　岩波書店　一九五七年

方丈記　徒然草　日本古典文学大系三〇　岩波書店　一九五七年
謡曲集下　日本古典文学大系四一　岩波書店　一九六三年
歌合集　日本古典文学大系七四　岩波書店　一九六五年
名作歌舞伎全集　第十九巻　東京創元社　一九七〇年
串田和美　串田戯場——歌舞伎を演出する　ブロンズ新社　二〇〇七年
坂東三津五郎（長谷部浩編）　踊りの愉しみ　岩波現代文庫　二〇一五年
雑誌「演劇界」二〇一五年五月号、演劇出版社

大詰

# 歌舞伎の舞台に登場する動物たち

江戸時代の庶民の人生観　（二〇一六年）

能の舞台でも猿や狐、鷺などが現れて、重要な役割を演じたりもする。私が知らないだけで、まだ他にも種々の動物が出現しているのかもしれない。歌舞伎を彩る動物たちはきわめて多様であり、その存在によって、芝居が成りたつものも多い。縫いぐるみに入るのは子役であったり、大部屋の役者であったりして、筋書に役者名が記載もされないことが多いが、その動物の所作により、舞台全体が魅力に溢れて楽しませてくれたりもする。リアリズムを重視する現代演劇では、このようなことは、まず、考えられない。そこに歌舞伎作者の世界観、自然観の広さと深さが感じられもするので、雑然とではあるが、舞台に見られる動物たちを手がかりに、庶民の物の考え方、受け止め方の一端を探ってみたい。というのも、社会の水面下に位置づけられる民衆の存在様相などは、時代思想の表面に華々しく取り上げられることなど皆無に近かったからである。

どの動物から取り上げても支障はないが、私たちには十二支という慣れ親しんだ順序があるので、それにしたがって行きたい。易の宇宙観である十二支は基本的には動物と関係がない、などと固いことはご無用に願いたい。

# 一

## 1 子（鼠）

子《ね》、即ち鼠は、子《ね》の刻が夜中の十二時、零時もしくは二十四時であることからも推察されうるが、吉野裕子氏の『十二支』（人文書院一九九六）によれば、「おわり」と「はじめ」を示し、世代などの交代する時期である。しかし歌舞伎に見られる限りでは、そのような配慮はまったくない。その行動が示す意味も善悪いずれでもありうる。

### 甲

善の代表と見てよい鼠は『祇園祭礼信仰記』に現れる。宝暦七（一七五七）年大坂豊竹座で初演され、すぐに歌舞伎に移されて現在に伝わるが、この表題だけでは、どのような芝居だったかな、と思われるかもしれない。しかし五段続きの時代物で、四段目の後半が「金閣寺」である、と言えば、「ああ、あれだ」と納得されるであろう。囚われの雪姫は雪舟の流れを汲む雪村の娘という設定であり、先祖の故事に因んで、散りかかる桜の花びらを爪先で集めて描きだした鼠に救われる、という展開になる。

幕が開くと、舞台の三分の二ほどは壮麗な金閣寺の金殿玉楼が占めている。この楼閣を芝居の後半ではセリ下げたり、セリ上げたりする大道具方のみごとな技術にも、余談ながら、拍手を送りたい。上手寄りの館の前には満開の桜の大木、館の下手には井戸があり、その背後で滝が水音をたてている。実際の金閣寺に井戸や滝が見られたかどうか、ということは私の記憶では曖昧であるが、江戸時代には、現在のように、拝観料を払って誰でもが直接に金閣寺の境内に入れたわけではなかろうから、この情景は芝居の筋に応じた作者の創作であろう。滝と井戸は雪姫とは無関係であるが、この幕の前半の松永大膳と此下東吉（＝木下藤吉郎）による「碁立」の場面では不可欠の舞台装置である。

『祇園祭礼信仰記』という芝居は、全体としては、小田春永（＝織田信長）の一代記を描いた時代物らしいが、「金閣寺」という幕の中心人物は松永大膳である。将軍足利氏を倒し、天下を狙う典型的な「国崩し」という役柄の大悪人である彼は、足利義輝の母慶寿院を幽閉し、狩野之介直信という夫のいる雪姫に懸想して、二人を捕え、直信を詰牢で苦しめ、雪姫は手許に置き、天井絵を描かせ、さらに思いを遂げようとしている。雪舟の手本が無ければ描けぬし、夫のある身ゆえ大膳の意には添えぬ、と拒否しながらも、隙があれば、慶寿院の居所を探ろうとさえ、雪姫は心を引き締めている。

それだけではない。父雪村を殺害したのが大膳であったことに気づいた彼女は、大膳が手にする太刀倶利伽羅丸を奪い斬りかかるが、だが、取り押さえられ、桜の大木に縛りつけられてしまう。船岡山で処刑される直信が引かれてきて目の前を通りかかっても、近寄ることもできず、二、三言葉を交わすのみである。囚われの姫に桜の花びらのみが散りかかる美と倒錯の世界である。

雪姫は時姫（鎌倉三代記）、八重垣姫（本朝廿四孝）とともに、三大姫役とされているが、そのなかでも雪姫は仕どころと見せ場が多く、女形役者の襲名披露に最適であり、七代目中村芝雀が五代目雀右衛門を襲名するにあたっても、歌舞伎座の夜の部（二〇一六年三月）で演じられた。昼の部では、時姫を演じているので、彼の意欲とエネルギーには驚かされる。父親である先代雀右衛門も雪姫を得意にしていたし、時には人形振りでも見せてくれた。今回の襲名興行では人形振りではなかったが、後手に縛られた不自由な動きの爪先で降り積もった桜の花びらを集め、鼠を描き出すのは並大抵の技では不可能である。描かれた鼠は、上手からの差し金によって命のある白鼠になり、雪姫を折檻する縄を喰い千切る。

自由になった雪姫が直信のもとに赴こうとするところに、前半の「碁立」で活躍した東吉が現れ、慶寿院の救出は任せるように、と言葉を掛けるので、彼女は安堵した面持ちで船岡山を目ざして花道を駆け抜けて行く。このあと舞台はセリ下がり、金閣寺の上楼に幽閉されていた慶寿院も救い出されて、めでたく幕は閉じられる。

この舞台に、もしも花びらで描かれた白鼠が登場しなければ、芝居は成り立たない。それにもかかわらず、この鼠には名前もなければ、差し金で鼠を動かす黒衣（雪姫役者の弟子筋の大部屋役者であろう）の名も、筋書に載ることはない。舞台で動く時間も僅かである。それでも観客はこの白鼠の出現を待っている。これほどに待たれる鼠は世界中どこにも見当たらないであろう。

## 乙

差し金の子鼠で現れて、大きな縫いぐるみの鼠になり、さらに、それが鼠の妖術を使う悪人になる、という鼠も舞台に登場する。この鼠の正体は『伽羅先代萩』の仁木弾正、悪の権化とも言うべき存在である。

『先代萩』では、悪人どものお家乗取りから、乳母政岡が息子千松とともに、鶴千代君を守る「竹の間」や「御殿」の場が演じられることが多い。出される食事には毒が仕込まれている可能性があり、空腹の二人を待たせて、政岡が部屋で茶の湯の釜で飯炊きをする。その時に千松が言う「お腹がすいてもひもじゅうない」というセリフなどが有名である。辛うじて二人が僅かに食事をしたところに、管領細川勝元の名代として山名宗全の妻栄御前が訪れて来る。彼女は仁木弾正の妹八汐に誑《たぶら》かされたような存在である。

土産として携えてきた毒入りの菓子を食べて苦しむ千松を八汐がなぶり殺しにするのに耐えた政岡も、一同が引き上げると、その亡骸を抱き上げて涙にくれる。そこに戻ってきた栄御前は、彼女も八汐の一味と勘違いをして、連判状を政岡に託す。鼠の出はそこからである。

「連判状さえ手に入れば、お家を悪人どもから守れる。千松の死も無駄ではなかった」と、それでも深く嘆きながら息の絶えた息子をかき抱く政岡に、通りかかった八汐が後ろから斬り付ける。そこに差し金の鼠が現れ、連判状を銜えて姿を消す。舞台はセリ上がり床下の場になり、荒獅子男之介が縫いぐるみの大鼠を踏まえ、見得を切っている。この男之介はさっそうとしたいい役で、立役の少ない『先代萩』では、通例、将来性を見込まれた若手役者が演じる。

悪人どもの譖言《ざんげん》により、若君から遠ざけられた彼は、床下で様子を探っていた。連判状の一巻を銜《くわ》えた鼠が床下に飛び込んできたのを見て、怪しみ、手にした鉄扇で打ち据えて一巻を奪い取ろうとするが、鼠は花道に逃れ、俗にスッポンと呼ぶ切り穴に飛び込む。切り穴からは煙が立ち上がり、一瞬、男之介は眼が眩む。一巻を銜えた仁木弾正が鼠色の裃で切り穴からセリ上がる。額には男之介が鼠に打ちつけた時の疵《きず》を残している。この場の彼は鼠の妖術遣いである。だが、「曲者」と叫ぶ男之介に打った手裏剣は受け止められ、弾正はそれ以上のことはできず、ただ、印を結び、花道の付け際まで下がり、一巻を懐中にし、舞台に男之介を残したまま、悠然と揚げ幕に向かって花道を引き上げる。この時の足の運びを、雲の上を歩くように、という言い伝えがあるらしい。

すでに昔々の話になったが、三階席で歌舞伎を見ていた学生時代には、この幕の仁木弾正を最初から最後まで楽しみたいと願ったりもした。彼はスッポンからセリ上がり、花道の付け際までは下がるものの、本舞台には入らない。かつての歌舞伎座では、三階席のほとんどから花道の芝居を見ることができなかった。下の階から聴こえる拍手を恨めしく思ったものである。

ところで、何とも不思議なことに、弾正の鼠の妖術は時限消滅をするらしい。最後の「足利問注所の場」および「大広間刃傷の場」で彼の悪事は露顕し、あえなく討ち果たされてしまう。鼠自身が悪に加担したくないと思い、弾正を見放したのであろうか？

丙

最後に登場する鼠は、善悪など二の次で、いわば、天然自然の生き物である。現在でも、どぶ鼠はあちこちにいるかもしれないが、家のなかではほとんど見かけなくなったし、見かけたくはない。だが、数十年前までは台所でカタリと音がしたりすると、鼠の存在を疑った。そういった鼠を舞踊化したのが「鳥羽絵」である。

変化物の一曲として文政二（一八一九）年に演じられたこの舞踊は、タイトルにある鳥羽僧正によるものではなく、郡司正勝によれば、当時流行した漫画の舞踊化（名作歌舞伎全集第二四巻、東京創元社一九七二年）である。

舞台はどこか大店の台所、夜、片付いて皆が寝静まったところに縫いぐるみを着た大鼠が駆け込み、それを追って下男升六が寝巻の半襦袢のままで枡で打ち据えようと追ってくる。この鼠はなかなか達者で、当時の風俗を折り込んだ清元に連れ、女の振りをして下男を口説いたりもする。一五分位の短いものであるが、そのしぐさが明るくて楽しく、暗い芝居のあとの打ち出しなどで踊られることも多い。ただし下男の半襦袢姿など、決して上品な舞踊ではないので、素人のおさらえで取り上げられる演目ではない。達者な踊り手が達者な鼠を相手にすることで舞台の品が保たれる舞踊である。

下男が逃げる鼠を取り押さえようと追い掛けて清元は終わるが、踊り手によっては、この幕切れを、鼠が枡を奪い振り上げて、下男を取り押さえた見得にすることもある。踊り手の好みによるのであろう。縫いぐるみに入る鼠も達者な踊り手でなければ、この舞踊の面白みはでない。ただし、踊り過ぎても品が落ちる。問題は鼠が踊り手としての下男の要望にどこまで答えられるか、ということであろう。二〇一五年二月に亡くなった坂東三津五郎が、一九六二年九月五代目坂東八十介襲名の初舞台にあたり、二代目尾上松緑の下男でこの鼠を演じた。うろ覚えであるが、楽しい舞台であった。

## 2 丑（牛）

子年の次は丑年であり、その年の動物は牛である。農耕や運搬手段として牛はごく一般的に庶民の生活に溶け込んでいたと思われるが、逆に芝居ではあまり活躍の場を与えられてはいない。家畜としてそのあり方が限定され、馬に比べても、温順で飼育しやすく、その個性を問われることが少なかったからであろう。前年の鼠は、弱小であっても敏捷で簡単には人間の手におえず、勝手に家に住み着いて、人間の力を超えた悪さをする存在であったから、それなりの超越性を付与され、それぞれの舞台で個性的な役割を与えられたと思われる。

しかし特に目立つこともなく、劇評などで取り上げられることは皆無であっても、牛が出てこなければ、芝居が成り立たない舞台もある。『菅原伝授手習鑑』は延享三（一七四六）年に竹田出雲らにより創作された浄瑠璃で、すぐに歌舞伎に移された。現在でもしばしば上演される三大丸本物の最初に書かれた作品である。翌年、同じ作者らにより『義経千本桜』、さらに、その翌年、『仮名手本忠臣蔵』が発表された。道真の伝承を扱った『菅原』は、いささか厳かな趣もあり、天神様として、折り目切り目に上演される代表的な演目である。そのような扱いを受けることに、道真自身はあの世で苦笑を浮かべているかもしれない。

とはいえ、舞台で中心的に活躍するのは、松王丸、梅王丸、桜丸という三つ子の兄弟である。この作品が書かれたころ、大坂天満に三つ子が生まれ、無事に育ち、評判になった（戸板康二『名作歌舞伎全集』第二巻・解説、東京創元社一九六八年）。彼らは成人して舎人になり、松王は左大臣藤原時平に、梅王は右大臣菅原道真（菅丞相）、桜丸は斎世親王に仕える。舎人とは牛の世話をし、乗物としての牛車を扱う仕事であるから、現代で言えば、重要人物のお抱え運転手といったところであろう。

彼らのなかで、最初に牛とともに現れるのは、桜丸である。丸本物の代表であるこの芝居には、『忠臣蔵』と同様に、大序があり、その「大内山」の場で、浄瑠璃につれ、登場人物に息が入り、生きた人間になる。だが、『菅原』では、この場が上演されるのは珍しく、私は見たことがない。続く序の「賀茂堤」は時おり上演されるが、道真が左遷される、そもそもの発端が示される場である。

桜丸はここに牛車で斎世の君を案内し、彼の女房八重と示し合わせて、菅丞相の養女苅屋姫との出会いを実現させる。牛車のなかが若い二人の恋の場になる。八重が場をはずし、桜丸のみが残っていた時、そこに三善清行が多数の仕丁を連れて通り掛かり、車のなかを改めようとする。桜丸が清行らを追い払っているうちに、若い二人はそこから逃れる。後を追って苅屋姫を実母であり、菅丞相の伯母である河内土師の里の覚寿のもとに案内しようと桜丸が決めたところに、八重が戻る。車をそこに放置するわけにはいかないので、彼女が夫の白張を身に纏い、舎人の姿になって、牛車を引いて帰ることになる。牛は不慣れな女舎人の指図に簡単には従わない。引いたり押したりと八重が苦労をしたあげく、牛が立ち上がって動き、幕になる。

終わり近くまで、牛は身体を休めている設定でもあるので、演技をするのは最後の二、三分に過ぎないが、牛がいなくては、この芝居の幕は閉じられない。休憩場面であっても、牛の縫いぐるみに入っている二人の役者にとっては、窮屈このうえない役であろう。筋書に名前も載らない役者たちが舞台を支えていることも忘れてはならないと思う。

『菅原』では、もう一か所、牛が登場する。「吉田社車引の場」は「賀茂堤」より上演される機会は多い。三人の舎人兄弟が藤原時平の車を挟んで争う場である。梅王丸と桜丸は、それぞれが仕える主を失脚に導いた時平を討つべく、待ち構えている。彼が乗った豪華な御所車を牛が引いて舞台の上手から現れる。主人の威のままに、松王丸は二人を追い払おうとする。ドロドロと舞台は怪しげな雰囲気になり、「顕れいでたる時平の大臣」のチョボとともに、牛車の壁や天井を押し破って、青隈をとった時平が車の上に立身になって見得を切る。妖術遣いのような、その眼光に梅王と桜丸は、ともに五体の竦む思いに陥る。「早く車を轟かせよ」という時平の命により、三人兄弟の立ち回り、車の上に立身の時平、その前に松王、左右に梅王、桜丸の引っ張りの見得で幕になる。

ここでは牛は何一つ仕所はなく、縫いぐるみのなかの二人に、「ご苦労さま」という他はない。牛が出る芝居の場面として、私が見て知っているのは、以上の二箇所だけである。

## 3　寅（虎）

寅すなわち虎という動物の存在はかなり古くから日本でも知られていたらしい。吉野裕子氏によれば、一〇〇八年から一〇一〇年にわたる紫式部日記には、上東門院彰子の出産に際して、魔よけのために虎の頭を湯に映した、と記されているが、これは作り物であろうと考えられている。虎に関する日本最古の文献としては、「欽明記」六（五四五）年に百済への使者が虎の皮を持ちかえった、とあり、生きた虎は宇多天皇寛平二（八九〇）年に舶載された、という。

縞柄の美しい虎の皮は貴人たちの敷物として珍重されたであろうし、張り子の虎や、また、時代が下がれば、加藤清正の虎退治などが伝説的に語られたにせよ、一般の庶民には、虎は程遠い存在であったに違いない。歌舞伎に出て来る虎も、私が見たことがあるのは、絵から抜け出して来て農民たちを大騒ぎさせた、「吃又」として知られる作品の冒頭を賑わして消される幻だけである。

近松門左衛門による『傾城反魂香』という厳めしい表題をもつこの作品は六角家のお家騒動を背景に、失脚した絵師土佐将監の娘が傾城になり、彼女の魂の非現実的でロマンチックな成り行きを描き出す（戸板康二『名作歌舞伎全集』第一巻、一九六九）。しかし現在でも上演されるのは、「土佐将監閑居の場」通称「吃又」だけである。

幕が開くと、舞台の下手では、鋤や鍬を手にした百姓たちが藪に向かって口々に、「虎が出た」、「日本で見るとは珍しい」、「これを見ておけば、末代までの話の種じゃ」などと大騒ぎをしている。

舞台の上手には、高足二重の土佐将監の侘住まい、家の前にはかなり大きい石の手水鉢がある。そこに彼の末弟子浮世又平が妻お徳とともに訪れて来る。絵は達者だが、貧しく、口も不自由な彼は大津絵を描いて、旅の客相手に土産物として売り、細々と暮らしを立てている。師の将監も彼の人柄や能力を無視しているのではなく、慈しんでいるが、浮世絵を売ってしのぐ生活をしているものには、土佐の名字を与えることはできない。後から入門した若い弟子たちが彼を追い抜いていくのを、女房お徳とともに彼は羨ましく眺めているだけである。口下手の亭主を庇いながら、出過ぎないように努めるお徳の存在も微笑ましい。

将監の庭続きの藪に、再び虎が現れた、と騒ぎながら百姓たちが入り込むのを見咎めた将監が日本には居るはずはないと呟きつつ、それを見極めると、狩野四郎二郎元信が近頃描いた見事な絵から抜け出たものと判明する。虎が動き回るのに、足跡がないのも、現実に生きた虎ではなく、絵から抜け出た幻であることによる。とすれば、それを捕えるのではなく、書き消せばいい。その役を命じられてなし遂げたことにより、修理之介は土佐の名前を許される。虎はそれで舞台からは姿を消すが、元の絵に無事に納まったかどうかは、芝居では問われない。

虎については、これだけであるが、修理之介の出世を眼の前で見た又平は生きる力も失ったかのように萎れ果てる。お徳の助言で、手水鉢の裏に自分の姿を描き出すと、絵が石の面に浮かび出る。彼の一念が奇跡を呼んだのであろう。絵の力が師に認められ、めでたく土佐の性を許されて、彼も土佐又平光起になり、幕になる。

世界中どこでも猫は古くから人間の身近な存在であったが、十二支では、独立して扱われるのではなく、虎に付随した仲間である。動物の分類では、虎は猫科らしいから、いずれにしても近い存在なのであろう。だが、歌舞伎では、猫は化け物扱いである。四世鶴屋南北による『独道中五十三駅《ひとりたびごじゅうさんえき》』の岡崎では、十二単衣を着た怪猫が行灯の油を舐める。この芝居には河竹黙阿彌の改作もある。

大名家のお家騒動にも、芝居では、猫がらみにすることが多い。たとえば、鍋島騒動は瀬川如皐『花嵯峨猫魔稗史《はなのさがねこまたぞうし》』の猫騒動になり、有馬騒動は黙阿彌によって『有松染相撲浴衣《ありまつぞめすもうゆかた》』の有馬の猫になる。

猫は愛玩用だけでなく、鼠退治などの能力もかわれて、人間の生活に深く入り込みながら、人間の思惑通りにはならず、勝手に行動するので、自然のままの猫を芝居の役として扱うのは、難しかったのかもしれない。

## 4　卯（兎）

兎は月に住む、とされるが、それは月の陰影によるのであろう。西欧では月は冷たく陰鬱な印象で見られるが、日本ではかぐや姫伝説などからも、月に明るさを見る。月の満ち欠けからは、実りや生死の交代も感じ取られる。その象徴が月の兎である。

何故かは知らないが、他の動物とは違って、兎は一匹二匹と数えるのではなく、一羽二羽と数える。西欧では、兎は卵から孵化する、と考えられ、復活祭の頃には兎の卵を模したチョコレートが売り出される。身近な存在であるのに、面白い伝承を背負っている。

この兎が歌舞伎では「玉兎」という舞踊になって現れる。坂東三津五郎『踊りの愉しみ』（岩波文庫二〇一五年）によれば、三代目三津五郎が文政三（一八二〇）年に大坂に上るお名残に江戸・中村座で踊った七変化の一つであるが、その後七代目三津五郎が明治四三（一九一〇）年に取り上げるまでは、歌舞伎の舞台にかかることはほとんどなく、子供の踊るものとされてきた。七代目が踊ってからは、たまには歌舞伎でも扱われるようになり、十代目は大好きな踊りとしているが、「羽根の禿」や「越後獅子」などと同じく、初心者のおさらえの演目になっているものを踊りの家元でもある役者が歌舞伎の舞台で踊るのは、プロであるがゆえの苦労もあり、誰でもが踊れるというものではない。

幕が開くと、舞台一面に広がる満月のなかから杵を担いだ兎が飛び出してくる。衣装はちゃんちゃんこに腹掛け、手拭いの鉢巻きに兎の耳もあしらっている。まず、餅つきを始めるが、これは三代目のころ影勝団子が流行っていたので、街中で団子屋が曲づきをしている風俗を模したという。次いでカチカチ山のお伽話になり、爺、婆、狸、兎と踊り分け、最後に「お月様さゝえ」の童歌をしっとりと踊って、観客をメルヘンの世界に誘い込む。「鳥羽絵」の鼠は下男升六と戯れたが、「玉兎」は人間界を超越したかのように、月の世界にも戯れ遊ぶ兎の独演であり、一五分たらずではあるが、何とも清々しい夢のような舞台である。

## 5 辰（竜）

竜は十二支のなかでは唯一の実在しない動物である。易学での意味合いはともかく、日本では水神信仰と結びつき、湧き水が流れだすところに竜が形作られているところが多い。竜宮は水底にあり、竜神もしくは竜王が支配する。

だが、歌舞伎では竜の落とし子の姿で滝の水に現れる。鼠が活躍して雪姫を救出した「金閣寺」でも、松永大膳が太刀をかざすと、一瞬、滝の水に竜が映し出され、大膳の野望が前にもまして明らかになり、雪姫が桜に縛りつけられる原因になっていた。しかし竜が水を司る神として舞台で重要な意味を持つのは、歌舞伎十八番の一つに数えられる『鳴神』である。

高僧である鳴神上人は大内に戒壇を願いでたが、受け入れられず、それを怒って、三千世界の竜神を滝に封じ込めてしまった。その結果、雨が降らず、人々は困り果てている。自分の意が宮中で受け入れられないことに腹を立て、他者の困窮を引き起こして省みないのであるから、高僧とは言え、鳴神はきわめて手前勝手な人間である。

この状況を打開するために、大内で取った処置が、宮中第一の美女とされる雲の絶間姫を送り込み、鳴神を惑わそうとする策であった。その色香に鳴神は堕落し、彼女は滝に張られた注連《しめ》の太縄を切る。封じ込められたすべての竜神が飛び出し、大雨が降り始める。竜神たちも窮屈な思いをしていたのであろう。一斉に滝を飛び上がって行くが、この竜神が何ともかわいい竜の落とし子の姿である。この後、鳴神は弟子たちを相手に荒れ狂い、名前通りに雷を轟かせる。自らの俗臭に無自覚に過ごしてきた高僧のなれの果てが暴露されたかのような風刺の一幕と見るのは、穿《うが》ちすぎであろうか？

## 6　巳（蛇）

竜蛇というように、この二つをどのように区別するのか、定かではない向きもあるらしい。いずれにせよ、この動物は、私としては、その漢字を書くのも避けたいほどに、嫌いである。しかし歌舞伎ではその象徴的な存在が登場して幕になることがある。その代表的な演目が舞踊『京鹿子娘道成寺』であろう。

甲

初代中村富十郎が宝暦三（一七五三）年に初演したというこの演目は、能『道成寺』の物語に由来し、道行から押し戻しまで、全体を通すと、一時間ほども掛かる大曲の女形舞踊である。地は長唄であるが、しかし能『道成寺』の詩章をかなり忠実に受け止めた長唄『紀州道成寺』とは異なり、道成寺縁起を根底に据えながらも、自由に、華やかに、女性の成長していく姿を、衣装を引き抜いていくたびに、枝垂れ桜の文様にかかる雲が晴れていき、一日の夜明けから夕暮れへの推移に準えて示し、最後に落ちた鐘に登る。

道成寺で鐘供養が行われると聞いて現れた白拍子花子は、恋人安珍を追ってこの寺まで来た清姫の亡霊である。だから彼女がどこから来たのか、などということは一切問われない。安珍を隠した鐘が憎いのである。蛇体になった彼女は鐘もろとも安珍を焼き殺した。その寺に再び鐘が奉納されるとあっては、見届けないわけにはいかない。女人禁制である、と門前で追い払おうとする所化を手なずけ、寺の境内に入り、舞い始める。

舞台は満開の桜のほかは松ばかり、輝くように明るい。手踊、鞠歌、花笠踊と衣装を引き抜きながら、時には所化も交えて踊り、俗に「ちんちりれん」と呼ぶ長唄三味線の相の手に続き、「恋の手習い……」と唄いだす長唄による手拭をもつ踊からは年頃にまで成長した娘の心情が表現され、その思いは「恨み恨みてかこち泣き」で頂点に達する。「露をふくみし桜花」と客観的な描写になり、山尽くしが明るく入るが、次第におどろおどろしくなり、「花の姿の乱れ髪、思えば思えば恨めしやとて、竜頭に手をかけ飛ぶよと見えしが、引きかついでぞ失せにける」と伝承に戻って鐘を引き落とす。この時、衣装は白緞子に銀鱗の摺箔になり、日高川を渡った蛇になったことを示す。

落ちた鐘に花子が登り、所化が見上げて祈る所作で幕になることが多いが、押し戻しが付く時には、落ちる鐘に入る。大館五郎配下の鱗の花四天が大勢出て、ふざけた祈りで鐘を引き上げると、中から般若に化した花子が現れ、立ち回りになり、最後に般若が鐘に登り、大館五郎の左右に所化と鱗四天が連なって、蛇体を模して幕になる。だが、安珍清姫伝説を思い浮かべなければ、蛇体を想像するのは困難であろう。女形の舞踊として変化に富み、長唄も名曲であるから、踊り手に適した役者がいれば、採り上げられることが多い。しかし一貫した物語ではないので、外国でこの舞踊が演じられても、不評であった、というのももっともである。

なお、この舞踊は踊り手を二人にした「二人娘道成寺」、男女で踊る「夫婦道成寺」、また、「奴道成寺」など、派生した作品も多く、道成寺物と纏められている。

乙

近松門左衛門に『日本振袖始』という人形浄瑠璃があり、すぐに歌舞伎にも移されたらしい。スサノオノミコトの神話伝説をもとに、奪われた十振の宝剣を捜し求めて取り戻す五段からなる時代物である（『歌舞伎事典』平凡社一九八四年）。現在では、五段目の八岐大蛇の人身御供にされる奇稲田姫《くしなだひめ》を救うために八つのかめに毒酒を入れ、大蛇を退治する場だけがたまに上演される。「振袖始」というのは、ミコトが姫の熱病を治すために、両袖の脇明けを切り、熱を冷したことによる。あまり面白い芝居とは思わないが、作り物ではあるが、舞台に大蛇が姿を表すのは確かである。

## 7　午（馬）

午という字だけでは、日常あまり縁がないが、正午として使われると、眼にすることは多い。真っ昼間であり、草木も眠る丑三つ時の丑とは正反対の明るさを示すのであろう。神馬や流鏑馬《やぶさめ》など神社と繋がりが多いのも、明るく人間を守護して欲しい、という現れとも思えるし、絵馬を神社に奉納するのも、同様の思いからする習俗かもしれない。

実際に馬を眼にすることは、現在では、馬術競技や競馬位になったが、七十年余り前までは、馬車が物資の運搬手段として都市の幹線道路でも見かけられた。農村ではきわめて貴重な補助労働手段であったに違いない。江戸時代に庶民がどれほど大切に馬を飼育し、利用してきたのかは、私にはわからないし、どのような体型の馬であったのかも、わからない。ただ、東北地方の曲屋《まがりや》のような人間と馬とが同一の家屋に住める工夫がなされた屋敷の存在などからも、馬は人間の生活に密着していたのであろう。

歌舞伎の舞台では、幕切れに武将が乗馬して花道から悠然と引き上げる素敵な場面は多い。その代表的な一つとして、『源平布引滝』（寛延二（一七四九）年）三段目の切りにあたる「実盛物語」を指摘したい。この芝居については、本書四幕目で取り上げているので、詳しいことは省略するが、琵琶湖のほとりの百姓九郎助の住居で、木曽義仲が誕生したことに纏わる逸話である。元来は源氏方であったが、当時は平家に仕える武将であった斎藤実盛が探索に来て、義仲の誕生を知る。しかし九郎助らに心のうちを明かし、やがて九郎助の孫太郎吉が手塚太郎光盛と名乗る頃、合戦で首を討たれよう、と約束して、馬に乗って引き上げる。羨ましそうに馬上に目を向ける太郎吉を実盛は鞍の前に乗せ、舞台を一周して降ろしてから、花道に下がる、という演出をとることが多い。実盛の心情が伺える場面である。ただし、馬に独自の芝居があるわけではなく、馬の役者が足りなければ、馬の出が割愛されても、幕切れは成り立ちうる。

『一谷嫩《ふたば》軍記』（宝暦元（一七五一）年）の「須磨浦陣門」と「組討」の場では、馬がいなくては困る。「熊谷陣屋」の前に置かれたこの二場は平敦盛生存の謎、すなわち、熊谷の息子小次郎とのすり替えの場である。馬上で沖にいる敦盛を見かけた熊谷は「帰させ給え」と呼びかけながら、自分も海中に踏み込む。ここから遠見（子役）の二人の組み打ちになる。

白馬の敦盛と黒馬の熊谷とが互いに波間から上のほにほろの馬に跨がり、竹本の語りに連れて組み打ち、どうと落ちたところで、浪幕を切って落とす。乗り手のいない白馬が舞台を走り抜け、敦盛の運命を観客に予感させる。せりあがる舞台に熊谷が敦盛を捉えて姿を現し、一先ずここを落ち給え、と助けようとするが、平山武者所に見つけられ、そうもならずに敦盛の首を打ち落とすことになる。

遠見の馬は竹で骨組みをして布を貼った馬体を子役が身体につけているほにほろである。海辺での熊谷と敦盛の馬は、それぞれ二人の役者が縫いぐるみにはいって、その馬の雰囲気を表現する。

『源平布引滝』は寛延二年、『一谷嫩軍記』は宝暦元年と、年号は異なるが、制作年は二年しか違わない。いつ頃から前足と後足に二人の役者がはいる縫いぐるみの馬が舞台に登場するようになったのか、詳しいことは私にはわからないが、十八世紀の中頃に流行っていたのかもしれない。

馬の最後に、趣を変えて、女方の役者が馬と絡む舞踊を挙げておきたい。現在でも、時おり演じられる『近江のお兼』は文化十（一八一三）年に江戸森田座で、七代目市川團十郎によって初演された変化舞踊の一つであり（郡司正勝『名作歌舞伎全集第二四巻』東京創元社一九七二年）、「團十郎娘」もしくは、舞踊の後半が布晒なので、「晒女」と呼ばれたりもする。『近江のお兼』という題名は、琵琶湖のほとりでに武士の暴れ馬を止めた大力のお兼という娘がいた、という伝説によるらしい。長唄を地に、花道から飛び出してきた裸馬を大勢の漁師が追い駆けて来る。押し止めようとするが、うまくいかない。彼らが暴れ馬によって舞台の下手に追い払われたところに、お兼が布を入れた盥を抱えて現れ、馬の手綱を下駄で踏み、難なく取り押さえてしまう。彼女の出は、振り付けにより、上手からのこともあり、また、花道からのこともある。観客としては、花道から下駄を響かせて駆け出て、七三あたりで馬を止めて、見得になると楽しい。

琵琶湖周辺の名所を唄いこんだ長唄につれ、時には漁師がからみ、馬も躍りまくり、最後にお兼は足駄を履いて水にはいり、布晒を見せる。出の時に手にしていた盥には晒布が入っていた。馬がからんで幕になる。

お兼は、大力の田舎娘でありながら、どこか品があり、可愛い色気を感じさせる踊り手でなければならない。さらに、馬のなかに入った二人の役者の呼吸が合い、それぞれに達者な踊り手であることが、この舞台を成功に導くと思われる。馬がいてこそ、なりたつ一幕である。

## 8　未（羊）

十二支の午の次は未であるが、歌舞伎の舞台で羊を見たことがない。日本に羊がいたのであろうか？　熊の毛皮などは防寒用に使われたらしいが、羊毛製品を江戸時代に利用していた様子は、少なくとも、一般的には無かったのであろう。

羊が舞台に出てこなければ、ここで取り上げようもない。

## 9　申（猿）

庚申信仰は平安朝の貴族社会から行われていた（吉野裕子『十二支』）が、中世には武家社会にも広がり、江戸時代には民間レベルにも及んだ。信仰と結びついたかどうかは、ともかく、正月には猿回しが市中を広く猿を舞わせて祝う民俗も普及した。

正式には「花舞台霞の猿曳」という外題の『靭猿』（天保九（一八三八）年）は能狂言に由来し、四代目中村歌右衛門が江戸市村座で初演し、現在に伝えられた。これに先立ち、文化一二（一八一五）年に三代目歌右衛門も『靭猿』を取り上げたが、こちらは松羽目物の能狂言をほぼ踏襲した作品であったという。現行の『靭猿』は、能狂言を踏まえながら、完全に歌舞伎化している。

舞台は紅白の梅が咲き乱れる鳴滝八幡社前、能狂言の大名は歌舞伎では代参の女大名三吉野、太郎冠者は色奴の扮装で、常磐津の流れとともに、明るい春の佇まいである。二人の今日の役目は代参だけでなく、靫《うつぼ》になる皮もととのえねばならない。そこに小猿が飛び出して来る。この皮をとってと話しているところに、飼い主の猿廻しが小猿を捜して現れる。要望が断られると、二人は弓矢で猿を射殺そうと構える。やむを得ず猿廻しは急所を打って皮に穴を開けずに猿を譲る決意をする。

その時の猿廻しの心中がセリフと常磐津とで語り明かされる。この辺りは舞踊と芝居が綯い交ぜになって、まさに歌舞伎の舞台である。子猿のときから飼い育てた小猿である。「せめて今度は人間に、……」と願い、涙ながらに鞭を振り上げる猿廻しに向かい、猿は無邪気に舟を漕ぐ芸を見せる。そのいじらしさに「畜生でさえ物を知るに、いかに主命なればとて」、「物の哀れもかえりみず、どうしてそれが殺さりょう、命は助けた、連れて帰りゃ」と代参の二人も猿を諦める。

命を助けられたお礼にと、ひとしきり猿が舞い、猿廻しが引き上げようとするのを、女大名は止め、その心意気が気にいったと、めでたく三人の連れ舞いで幕になる。

現今よりも猿廻しは社会で重きをなしていたのであろう。代参の二人と猿廻しでは身分が違うと思われるが、両者はほぼ対等な立場で話している。猿は庚申信仰の対象でもあり、その猿を扱う猿廻しは、庶民にとって、一種の知的階級だったのかもしれない。私は見たことがないが、正式には『道行浮時鴎《みちゆきうきねのともどり》』という舞踊「お染」でも、久松との死出の道への二人を猿曳きが歌祭文で意見をするくだりがある。

芝居からは離れるが、易では馬に猿を配することで、馬の病が未然に防がれる、とされ、馬医は猿屋（＝猿曳）とまで言われたとのことである（吉野裕子『十二支』）。

**10 酉（鶏）**

花道の突き当たりの揚幕で仕切られた空間を鳥屋《トヤ》と呼ぶ。花道からの出がある役者はそこで最終的な支度をする。そのために必要な数々の品がその都度運び込まれ、付き人の出入りも多い。そこが鳥屋と呼ばれ、揚幕の係は鳥屋番と呼ばれるのは、実際の鳥とは関係がなく、ごたごたした狭い空間だからである。

鳥、すなわち鶏とは、お酉様信仰などとして、古くから人間の暮らしに結びついていたのであろう。俗に「鶏娘」と呼ばれる芝居は、近松半二、竹田小出雲らによって宝暦十一（一七六二）年に書き下ろされた人形浄瑠璃『由良湊千軒長者《ゆらのみなとせんげんちょうじゃ》』が歌舞伎に移された作品であり、安寿姫と対王丸《づしおうまる》が絡む山椒太夫伝説にもとづく芝居である（戸板康二、名作歌舞伎全集第六巻、東京創元社一九七一年）。由良湊の長者山椒太夫の娘おさんが鶏娘と呼ばれるのは、強欲非道な父の報いとして、暁になると羽ばたきをし、時を告げるからである。

歌舞伎の大舞台には滅多に掛けられない芝居であるが、長者の美しい娘の衣装がぶっかえって鶏になり、羽打ち羽ばたいて時を告げる半狂乱のさまが見せ場である。最終的にはすべてがおさまり、めでたしで幕になるが、自らの浅ましい振る舞いを止めようもなく嘆くおさんは「オオそれよ、天神様のお嘆きにて、河内国道明寺にては今に鶏啼かぬと聞く」と語る。二十年足らず前に書かれた『菅原伝授手習鑑』は、恐らく細部にいたるまで、当時の芝居好きの間に知れ渡っていたのであろう。

「道明寺」は『菅原』の二段目の切り、「杖折檻」「東天紅」「丞相名残」と義太夫では分けるが、鶏啼きがかかわるのは、「東天紅」である。トーテンコーと鶏の啼き声を聴いたことによるらしい。伝承によれば、水死者の上で鶏は啼く、という（吉野裕子『十二支』）。

流罪となり、配所に下る菅丞相は河内国道明寺に住む伯母覚寿のもとに立ち寄る。舞台には見事な館、その前の上手には大きい池がある。丞相が罷免される切っ掛けを作った苅屋姫は生母覚寿のもとに逃れ、姉立田の前に慰められている。覚寿は苅屋を許さず、折檻する。ただ、この折檻の場は省略されたり、もしくは短縮されることが多い。立田の夫宿弥太郎は親である土師の兵衛と組んで、丞相を亡き者にしようと企んでいる。それを耳にした立田は、邪魔者だ、というので、夫に殺害され、池に捨てられる。

夜明けとともに出立予定の丞相を正式の迎えに先立って奪い取るためには、鶏が啼く必要がある。その策を講じていたが、池に死骸があれば、手は省ける。池に浮かべた鶏は死骸の上まで来て、羽ばたきをして、時を告げる。上手で吹く鶏笛に、親子ともども、「東天紅」と啼いたと喜ぶ。現れた贋迎えの輿に乗り、丞相が去る。だが、それは本人ではなく、精魂こめて自ら彫った木像であった。

立田がいないので、池を探し、その死に疑念を抱いた覚寿は宿弥太郎を討ち果たす。正式の迎えである判官代輝国が現れ、鶏が啼き、「鳴けばこそ別れを急げ鶏の音の、聞こえぬ里の暁もがな」と丞相は詠じて皆に別れを告げる。「今この里に鶏なく、羽叩きもせぬ世の中や」と床は続く。

## 11 戌（犬）

犬は人間の生活に密接であるだけでなく、生と死に関わり、人間の祖は犬とも考えられたらしい。妊婦の腹帯、それに纏わる帯祝などが民俗的に指摘されうるし、幼児に贈る犬張子も単なる玩具ではなく、幼児を守る悪魔避けの意味さえ込められていた。

鍛えられた犬がいなければ、狩猟も不可能であった。現在では、麻薬摘発犬や、盲導犬などとしても、犬が好むのではなかろうが、その能力が人間のために利用されている。しかしながら、歌舞伎の舞台では、犬はあまり活躍せず、それどころか、犬畜生と言われたりして、否定的な扱いを受けてもいる。

その一例が河竹黙阿彌による『三人吉三』（安政七（一八六〇）年、正しくは『三人吉三廓初買』）である。「月も朧に白魚の篝も霞む春の空、……こいつあ春から縁起がいゝわえ」というお嬢吉三による七五調のセリフが有名で、お坊吉三、和尚吉三と知り合う序幕の大川端庚申塚の心地よい明るさとは裏腹に、御家騒動も絡むこの芝居の成り行きはきわめて暗く陰惨である。

お嬢吉三が夜鷹おとせを殺して奪った百両はおとせの客十三郎が落としていったものであった。大川に突き落とされたが助けられたおとせと十三郎は双子の兄妹であり、和尚吉三は彼らの兄であった。おとせと十三郎は客として知り合ったにもかかわらず、また、双子の兄妹とは知らず、互いにいつくしみあう。すべては三人の父親伝吉が犬を殺したことに由来する。

その因縁を知った和尚吉三は伝吉を殺し、二人にも死を勧める。事実を知らぬ二人はあの世で結ばれるとの望みを抱いて喜ぶが、和尚吉三から見れば、二人はあの世で犬畜生に落とされねばならない。それとは知らぬ二人は、哀れみの眼を向ける兄に纏わりつきながら、白いぶちの犬に変わり、息絶える。大川端だけならともかく、通しで暗い因縁話が演じられる時には、私は見に行きたくはない。

犬がまさしく犬として舞台に現れて演技をする芝居もある。やはり黙阿彌による『慶安太平記（丸橋忠弥）』（これも正しくは『樟紀流花見幕張』、明治三（一八七〇）年）、序幕お堀端の場である。俗に油井正雪の乱は丸橋忠弥がいたゆえに破綻した、と言われるが、それを暗示するのが、この序幕である。なお、明治に入ってからの作であるので、実名が使用されえたのであろう。

江戸城外お堀端の葭簀囲の出茶屋に饅頭笠の丸橋忠弥がやってくる。すでに彼はかなり呑んでいて、ご機嫌の体であり、亭主やそこにいた近くの仲間たちにも酒を振る舞う。その金の出所も問題であるが、犬とは関係ない。仲間たちが上手に引っ込んでも、忠弥は飲み続ける。そこに下手から縫いぐるみの犬が現れ、酒の相手をするかのように吠えかかる。追い払われて一旦は下手に引っ込んだ犬が再び現れて、一人になって床几に横になり寝込んだ忠弥の口を舐める。寝ぼけて追い払う忠弥に犬は「わん〜、わん〜」と吠えかかる。「この畜生め」と犬に石を投げ打つ振りをしながら、忠弥は後ろの堀に投げ込む。どんという水音とともに、笠を捨てた彼は堀の水深を計る思い入れで煙管を構える。

犬が下手に逃げると、上手から松平伊豆守、いわゆる知恵伊豆が現れ、忠弥の行動を無言のまま見咎める。この時の知恵伊豆の実年齢が何歳であったか、私にはわからない。だが、この舞台に現れる伊豆は颯爽としたいい男である。しかも乱が起こり、それが破綻する機縁を感じ取る鋭さを備えている。うろ覚えであるが、はるか以前に七代目坂東三津五郎が演じた知恵伊豆が目に浮かぶ。彼は美男子ではなかったが、老いてもいい男であった。縫いぐるみの犬の演技は、彼の颯爽ぶりを引き立てるための繋ぎでもある。

## 12 亥（猪）

十二支の最後は亥（猪）であり、歌舞伎で猪といえば、忠臣蔵五段目山崎街道である。街道筋で千崎弥五郎に出会い、大星由良之助への執り成しを願う早野勘平は、そのための金子の調達を決意して別れる。舞台は廻って、中央に厚い掛け稲がある。日が暮れ、雷はおさまったものの、雨は再び降り始める。

花道からとぼとぼと出てきた素朴な百姓親父は、おかるの父与市兵衛である。勘平が何も語らなくても、その胸の内を察しているおかるは、夫のために身を祇園に売る決意を親に打ち明ける。そのつらい役目を果たして、身売りの半金五十両を携えて、祇園から足を運んできた与市兵衛は掛け稲の前の石に腰を下ろし、一休みする。その後ろの稲の間から手が延びて、与市兵衛の懐の財布が抜き取られる。驚いて立ち上がる彼の後ろから、さらに刀が突き出され、与市兵衛を突き殺す。

稲をかき分けて現れた斧定九郎は、かつては由良之助と同じく塩冶判官の家老を勤めた斧九太夫の息子である。落ちぶれても絹物しかなかったのであろう。黒紋付きの着付けで尻はしょりをして立ち出て、刀を収め、財布のなかを改め、ただ一言、思い入れたっぷり「五十両」と見得、与市兵衛の死骸を掛け稲に蹴り込み、花道に足を進めかかると、何物かが飛び出して来る様子に驚いて掛け稲の端に隠れる。花道からは猪が猪突猛進の言葉通りに走り出て舞台の上手に入る。それを見送る定九郎に鉄砲の玉が当たり、ばったり倒れる。揚げ幕から走り出た勘平は猪を仕留めるつもりで、さらに一発撃つ。火縄も消え、暗がりになった闇の舞台で獲物を探った勘平は、猪ではなく、人間を撃ったことに驚くが、その首にかけてあった財布を取り、一目散に逃げ出す。

六段目与市兵衛内の場で勘平は、彼が撃ち殺したのが斧定九郎であることが明らかになる前に、舅を殺したと思い込み、切腹して果てる。山崎街道筋で命を永らえたのは、猪だけであった。

縫いぐるみを着て、花道から舞台を駆け抜ける猪の演技にも、かつてはいろいろとあったらしい（関容子『芸づくし忠臣蔵』文春文庫二〇〇二年）。そのなかで、現在では橋屋を背負っている市村橘太郎がまだ名題下で、うさぎと名乗っていた頃の話が面白い。十七代目勘三郎が勘平で猪の橘太郎とともに揚幕のなかで出を待っていた時、揚幕係のコーさんという人が「猪には掛け声が掛からなくて気の毒だ。今日は俺が掛けてやる」と言う。そのころ橘太郎は市村羽左衛門のもとに付いていたので、橘屋ではあるが、縫いぐるみに誰がはいっているのかは観客にはわからない。もちろん、筋書に名前は載ってはいない。たとえ「橘屋」と声がかかっても、橘太郎（＝うさぎ）だと思う人はいないであろう。どのような声が掛かるか、と思いながら、花道を一目散に駆けていくと、後ろから「ももんじ屋！」と掛かり、大受けだったという。猪鍋が庶民の贅沢な食べ物であった名残であろう。

羊を除いて、十二支の動物が現れる歌舞伎の舞台を大雑把に眺めてきた。だが、この他にも、芝居で重要な役割を見せる動物たちがいる。区切りを改めて、さらに、見て行き、歌舞伎芝居という表現手段のなかで、人間だけではなく、他の動物たちに何を言わせたかったのか、作者が表現したかったことを探ってみよう。

## 二

舞台で活躍する動物たちは姿形を独特に変容した（させられた）ものもある。思いつくままに主なものを見て行きたい。

## 1　獅子

能の『石橋』に由来し、『今昔物語』を典拠にする石橋物という舞踊のジャンルが歌舞伎にも移されている。獅子が長い髪を振り回す勇壮な髪洗いが見どころで、一種の神事でもあり、年頭や祝事の折りに演じられもする。だが、実際に、いつごろから獅子が日本にいたのであろうか？

獅子は、すなわちライオンである。現在であれば、多くの動物園で飼育されているから、生きた獅子を見ることも難事ではない。美術的に装飾化した唐獅子としては、かなり古くから武将たちに好まれ、すでに桃山時代には、狩野永徳（天文十二〜天正十八（一五四三〜九〇）年）による「唐獅子図屏風」が描かれた。江戸時代にはいっても、「牡丹に唐獅子」などとして障壁画や屏風絵に多く見られる。勇ましく美しい図柄であるから、しばしば採り上げられたのであろうが、牡丹はともかく、獅子に関しては、生きたライオンの模写とは思われない。おそらく仏像などとともに、日本に伝えられた彫刻などによるのであろう、と私は推測している。

歌舞伎では、舞踊は女形のものとされていたので、『石橋』も最初は女形が演じるものであった。享保十九（一七三四）年に初代瀬川菊之丞が「相生獅子」および「枕獅子」を踊り、宝暦四（一七五四）年には、初代中村富十郎が「執着獅子」を、女形の石橋として完成させた。前シテは傾城姿で手獅子を持って踊り、後シテも女姿のまま長い毛を着け、牡丹の付いた扇笠を着けるが、毛洗いはなかった、という。いずれも地方の長唄のみは伝承されたが、振付は残されなかった。

時代がやや下がって、安永年間（一七七二～八一）になると、立役も舞踊を手掛け始める。そうなると、「石橋」は獅子の勇壮さを強調した舞踊になりうる。とはいえ、能の石橋とは程遠いものであったらしい。

能の演出を模した石橋物が歌舞伎に現れるのは明治時代（一八六八～一九一二）に入り、能が一般に公開されてからであり、毛洗いの勇壮な獅子の狂いを見せる所作が眼目になった。九代目市川團十郎が明治二十六年に歌舞伎座で『春興鏡獅子』を創作し、踊ったことは有名である。

歌舞伎を高尚化することに努めていた彼は、娘が踊っている『枕獅子』に興味を覚えたものの、傾城姿で前シテを踊ることに躊躇いを抱き、それを大奥の女小姓弥生に改めた。堂々とした立役を演じるのが通例であった九代目が、かなりの年齢になって若い女小姓を勤めるのは身体的にはきつかった（「團州百話」）と語ったことが伝えられている（山本次郎『名作歌舞伎全集』第十八巻、東京創元社一九六九年）。だが、これが見事な出来であったらしい。三木竹二（＝森篤次郎、鴎外の弟）は、観客のなかには、團十郎の娘と勘違いした人もいた（『観劇偶評』岩波文庫二〇〇四年）、というほどに、九代目が若い娘を演じきったと記している。

女小姓弥生で踊る前半は、川崎音頭、袱紗さばき、丹前くずしなどの振りに続き、二本の扇も使うが、素手で踊る部分が多く、十代の娘の嫋々としたしなやかさを見せる。長唄が「時しも今は牡丹の花の、咲くや乱れて散るわ～散りくるわ……」となるころ、引きつけられるかのように、上手の台に置かれた手獅子を手に取り、乗り移った獅子の精に曳きずられるかのように、弥生は花道から揚げ幕に入る。

長唄が構える正面雛壇が左右に割れて、襖が開き、紅白の牡丹を両脇に立て、二人の女の童の扮装をした胡蝶の精が載った石橋台（二畳台）が押し出される。雛壇はすぐにもとに戻る。二人の胡蝶が鞨鼓や鈴太鼓を手にして踊り、引っ込むと、長唄は大薩摩になり、舞台には荘厳な雰囲気が漂い始める。この僅かな時間のうちに、弥生は花道の奥の鳥屋で獅子の扮装に変わる。

乱序で花道から後シテの獅子が姿を現す。本舞台で牡丹の花に戯れ、やがて二畳台に眠った形で決まると、胡蝶を思わせる衣装になった二人の童女が現れ、獅子を起こす。「獅子団《しし と》乱旋《らでん》の舞楽のみぎり……」の長唄につれ、毛洗いが勇壮に始まる。その振り方にも、いろいろあるらしい。時には、花道の七三まで行って振り始める人もいる。観客へのサービスであろう。見るほうは、何回振ったか、数えたりもするが、見とれているうちに判らなくなる。だが、毛を振る回数ではなく、心に響くのは、その力強さであろう。「万歳千秋と舞い納め、獅子の座にこそ直りけれ」と両袖を左右に開き、右足をあげた形で決まり、幕になる。

この一時間に及ぶ舞踊は新歌舞伎一八番の一つに数えられているが、九代目市川團十郎のあとを受けて、六代目尾上菊五郎が演じて評判になり、当たり芸になった。現在、三宅坂の国立劇場ロビー正面にその幕切れの見事な姿が平櫛田中による彫刻となって、観客を迎えている。

獅子を一人ではなく、親子にした『連獅子』もしばしば舞台に掛けられる。多くの場合、子獅子は一人であるが、時には二人もしくは三人の場合もある。長唄の「連獅子」は文久元年に「勝三郎連獅子」も「正治郎連獅子」も作曲されたが、後者は明治五年に三代杵屋正治郎により作曲しなおされ、それを地方とする現行の舞踊の演出は、明治三十四年に東京座で上演された形式の伝承による（郡司正勝『名作歌舞伎全集』第一九巻、東京創元社一九七〇年）。松羽目舞台であり、場面を清涼山石橋としたところなど、『鏡獅子』よりも、能に近い。

前シテは親獅子と子獅子の精がそれぞれ狂言師左近と右近として白と赤の手獅子を持って踊り、親獅子が鍛えるために子獅子を谷に突き落とすが、登れるかどうかに、心を向ける所作などもある。ツナギの狂言は宗論であり、おどろおどろしくなった雰囲気と獅子が出た、という叫びに、争っていた二人の僧侶はともに舞台から逃げ去る。

大薩摩の演奏に続く乱序を経て、まず、白の獅子頭の親獅子が揚げ幕から現れ、本舞台に入って子獅子を待つ。一度出て、すぐに戻る子獅子にいたわりの笑みを浮かべているかのようである。狂いの毛振りは、二人そろってきわめて豪快であり、しかも絶えず親獅子が子獅子に思いを向けていることが窺われ、微笑ましく見ているうちに幕になる。

ただ、ここで愚問を向けさせてもらうと、獅子すなわちライオンの雄は子育てには一切関わらず、雌だけで飼育すると言う。とすると、連獅子の親獅子は母親でなければならないが、立派な毛を備えているのは雄獅子だけであり、雌獅子には毛振りは不可能である。これも、少なくとも幕末まで、日本には生きた獅子はいなかった証であろうか？

なお、「……獅子」という作品には、「越後獅子」「鞍馬獅子」「勢獅子」など、民俗芸能として伝承されたものもある。これらも、それなりに楽しい演目であるが、石橋物とはジャンルが異なる。

## 2　象

歌舞伎一八番に『象引』という演目があるので、象を無視するわけにはいかない。『歌舞伎事典』（平凡社一九八三年）によれば、原名題は『傾城王昭君』と言い、元禄一四（一七〇一）年正月江戸中村座で、初代市川團十郎と初代山中平九郎らによって初演されたとの説があるが、疑問とのことである。なぜ、一八番に入ったかも不明であるが、荒事師と悪人とが巨象を引き合う場面が眼目であり、「草摺引」や「錣引」などとともに、「引合い事」というジャンルに入った。錦絵などによって伝わったが、脚本は伝わらず、二代目尾上松緑や十二代目市川團十郎などが復活を試みて、新作上演をしたが、現在、演目として定着しているか、という疑問を呈さざるをえない。

江戸時代の中期に入るころ、オランダ貿易で象が日本に入り、おそらく江戸城にまで運び込まれたのであろう。日本橋の通りを象の巨体が曳かれて行ったとすれば、庶民は驚きの目を見張ったと思われる。当時としては歌舞伎の舞台にその情景が映される価値があったのかもしれない。しかし勝手を言わせて貰えば、伝わらなかった演目には伝わるべき内容が欠如していたとも思われ、徒に復活を試みることは控えるべきであろう。

## 3　土蜘蛛、および他の妖怪など

土蜘蛛に纏わる演目は、能の『土蜘蛛』に由来し、源頼光（天暦二〜治安元（九四八〜一〇二一）年）が葛城山に隠れ住む蜘蛛の妖怪に悩まされる話である。彼は藤原道長に仕え、正史には記載されていないが、酒呑童子や妖怪退治などの話が伝承された。

歌舞伎で現在演じられる『土蜘蛛』は明治十四（一八八一）年に五代目尾上菊五郎が三代

目三三回忌追善のために創作したものである。能の『土蜘蛛』を尊重して受け入れた河竹黙阿彌作の松羽目物であり、作曲は杵屋正治郎であった。音羽屋（尾上菊五郎家）の家の芸「新古演劇十種」に最初に数えられたのが、この作であったという（山本二郎『名作歌舞伎全集第十八巻』）。

源頼光の病が思わしくないために、家臣の平井保正をはじめ四天王たちは心を痛めている。そこに典薬の頭からの薬を侍女胡蝶が捧げてくる。お慰めにもと彼女が一差し舞ってから、薬を煎じるために場を外すと、それまで快かった頼光の瘧《おこり》病の熱が俄に高まり、胸苦しさを訴え始める。灯火の明かりが暗くなり、僧智籌《ちちゅう》が現れる。比叡山の西塔、宝幢院の学寮に住む僧である、と名乗って、彼は病気平癒の祈願を始める。しかし火影に映る僧の姿を太刀持が怪しむと、灯火が消える。一瞬、僧の姿が消えたが、ただちに七尺もある蜘蛛が鬼形に変わり、千筋の糸を投げかけて頼光を苦しめるので、頼光が名刀膝丸で切りつけると、その姿は失せる。騒ぎに保正や四天王が駆けつけ、土蜘蛛退治をせねばと、切りつけられた蜘蛛が流した血汐の跡を辿って、舞台下手に入る。

頼光と太刀持も舞台奥に引っ込むと、能では狂言師の役割になる三人の軍卒が現れ、舞台をつなぎ、やがて花道へ去る。後見によって、舞台に古墳が設えられ、大薩摩が演じられ終わると、松明を手に保正を先頭に四天王が現れる。千歳を経た蜘蛛ゆえ、用心しながら探索し、古墳から音声が出るのに気づき、軍卒たちに崩させると、地中鳴動し、土蜘蛛の鬼神が現れる。
「我を知らずやその昔、葛城山に年経りし、土蜘蛛の精魂なり」の鼓唄とともに、土蜘蛛の精は打杖を振り上げ、見得を切る。立ち向かう四天王に千筋の糸を次々に投げかけるので、たやすくは討ち取られず、能の振りと歌舞伎の立ち回りが繰り広げられるうちに、保正に切られて飛び上がり、ギバで落ちて幕になる。

千筋にひろがる蜘蛛の糸があざやかに繰り出されるのは何とも見事であり、種々の工夫がなされていると思われる。眺めていて楽しいので、簡単には蜘蛛が討たれないで欲しいと誰でもが願うであろう。

明治期に初演された、この『土蜘蛛』に私たちは馴染んでいるが、すでに江戸時代に、「土蜘蛛物」と総称される舞踊劇が幾通りかあった（郡司正勝『名作歌舞伎全集』第十九巻）。そのなかで、「振り」はともかく、現在まで曲が知られているものは「蜘蛛絲梓弦《くものいとあずさのゆみはり》」（常磐津、明和年間）、「蜘蛛拍子舞」（長唄、天明元（一七八一）年）および「蜘蛛の絲」（常磐津、天保八（一八三七）年）である。詳しいことは知らないが、いずれも源頼光を扱いながら、能とは程遠い作品らしい。この他に長唄「土蜘蛛」（明治七（一八七四）年、浅川玉兎『長唄名曲要説』日本音楽社一九七六年）がある。常磐津の「蜘蛛絲梓弦」を改作した大作で、「切禿」「座頭」「山伏」の三部からなるが、現在では、上の「切禿」のみが演奏されている。

ところで、土蜘蛛は葛城山に千年も住む妖怪だという。『蜘蛛拍子舞』でも「我身の上ぞやる瀬なや、葛城山に年を経し、世にも名を知る女郎蜘蛛」と唄う。何故、葛城山なのか？葛城山には、何があるのか？　誰が住んでいたのか？

葛城山は大阪府と奈良県の境にあり、修験道の霊場とされたが、古くは、神武天皇が九州から東征する際に従ってきた賀茂建角身命《カモノタケツヌミノミコト》が止まった地ともされる。一時的な滞在地でなく、むしろ建角身命の本来の故郷と考えようとしたのは、川村二郎である（『日本廻国記――一宮巡歴』河出書房新社一九八七年）。神武天皇の東征からでも、頼光の時代までには千年を経ているが、土着であれば、保正に向かって土蜘蛛が「この日の本に天照らす、伊勢の神風吹かざらば、我が眷属の蜘蛛群がり、六十余州へ巣を張りて、疾くに魔界になさんもの、思いし望み叶わねば、まず頼光を悩まさんと、障礙をなせし甲斐もなく、わが命魂を断たんとや（『名作歌舞伎全集』第十八巻）」と嘆く言葉がいっそう強く訴えてくる。歌舞伎の『土蜘蛛』から、日本古代における諸部族のあいだの争いの片鱗も読み取れるのである。

大和民族に逆らった部族を妖怪と見た他の一例として舞踊劇『将門（忍夜恋曲者《しのびよるこいはくせもの》）』も指摘されうる。タイトルは『将門』であるが、平将門が出て来るわけではない。山東京伝の読本『善知鳥安方忠義伝《うとうやすかたちゅうぎでん》』により、安田寿助が脚色した将門死後の物語である。天保七（一八三六）年に江戸市村座で上演された（郡司正勝、名作歌舞伎全集第十九巻）。地は常磐津である。

将門の余類詮議の命を受けた大宅太郎光圀が、相馬の将門山古御所に入り込むと、傾城如月と化した将門の娘滝夜叉姫に出会う。彼女は蝦蟇の妖怪もしくは蝦蟇を引き連れた妖怪である。色仕掛けに引きずり込まれかけた光圀が立ち直り、討ち取りの軍勢の手配を命じると、屋台崩しになり、「われこそ平親王将門が娘、滝夜叉なるわ」と名乗り、屋根の上で大蝦蟇を従えて構える。目を光らせ、口からパッと火炎を吹く蝦蟇にたじたじとなった光圀が下手に、滝夜叉は屋根の上の中央で見得、幕になる。

濃厚な色気を漂わせながら気品に満ちた滝夜叉が、グロテスクそのものの大蝦蟇を引き連れ、颯爽とした大宅光圀を圧倒するこの一幕は、観客を快い幻想世界に導いてくれる。グロテスクさをも感じさせるのは、反逆の度合いを示す必要があったからであろうか？

妖怪とは程遠いが、女形の舞踊には、「鷺娘」や「藤娘」など、人間に鷺や藤の精が乗り移り、情感を美しく表現しているものもある。恋に身を焼き尽くして、地獄の苦しみに悶えても、鷺娘は最後まで美しい。さらに藤娘は、満開の藤の花びらに戯れて、無邪気に踊る。ここには妖怪の出番はない。

樹木が人間の女性に化した話も歌舞伎にはある。『卅三間堂棟由来《さんじゅうさんげんどうむなぎのゆらい》』は宝暦十（一七六〇）年大坂豊竹座で初演された人形浄瑠璃が歌舞伎に移されたものであるが、俗に「柳」と呼ばれているように、女性になった柳の木の物語である。

三十三間堂は後白河法皇の時代に建立されたが、芝居では白河法皇の時代に移している。太宰帥季仲は紀州熊野の山中に鷹狩りに来たが、鷹の足緒が柳の大木の枝に絡まり、大事な鷹が動けなくなる。やむを得ず木を切り倒し、鷹を取り戻そう、ということになったとき、横曽根平太郎と彼の母が通りかかり、彼が弓を射て、一矢で足緒を切り離す。鷹は自由になり、柳は切り倒されずに済んだ。

季仲の一行が立ち去ると、柳の木の下で茶店を営むお柳が平太郎親子をもてなす。彼女は母滝乃の眼鏡にも叶い、二人は夫婦になって、その近くに住まいを構え、三人で暮らすうちに男の子も生まれ、穏やかに過ごしていた。

その子緑丸が五歳になった時である。白河法皇が頭痛に悩まされた。その原因は柳の梢に残る髑髏が法皇の前世であった蓮華王坊という僧侶のものであることによる。そこで法皇の頭痛平癒のため、柳を伐って棟木とした三十三間堂を都に建立せねばならない事態に立ちいたる。柳を伐ることは、お柳の命を奪うことである。風に乗って聴こえてくる斧を打ち込む音はお柳の身に打ち込まれるに等しい痛みを与える。お柳こそ、五年あまり前に倒されずに済んだ柳の精であった。

別れの辛さや悲しさに堪えながら、彼女は自分の身の上を家族に語る。そのクドキには、安倍晴明の母葛の葉にも触れ、子を残して去らねばならぬ身の上は同様であっても、葛の葉は信田の森に戻り、陰ながら子の成長を見守れるであろうが、切り倒される自分には戻るところもなく、末を見届けることもできない、というセリフもある。葛の葉は狐であった。ともに、数少ない異類婚姻の物語である。

いま、切り倒された柳の大木は熊野の街道筋を曳かれていく。突然、動かなくなった木を木遣音頭に合わせ、緑丸が曳くと軽く進む。柳の精に戻り、地上から離れ、高く登って行くお柳は、もはや地上の人間の目には見えなくなったが、残して行く子供の行く末を案じ続けるのである。

## 4　狐

柳の精を母とする緑丸がどのように成長したのか、ということは語られてはいないらしい。だが、狐である葛の葉の息子安倍の童子は、成長して陰陽師安倍清明になる。葛の葉について取り上げるのに先立って、狐について考えてみたい。

### 甲

狐は現在の日常生活では、あまり問題にされることはない。北海道の北狐は別にして、野性であってもたまには人目に触れるでもなく、家畜として飼育されることもないし、狸のように藪から出てきて畑や庭を荒す、という話も聞かず、動物園まで狐を見に行くこともない。だが、分類上は同じくイヌの部類に入る狸とともに、民話や俗信では、古くから私たちの生活に入り込んでいた。

一般に、狸は狸親父とか、狸寝入など、いささか小狡いが、さほど強い力を振るう存在とは思われていない。月夜に集まって腹鼓を打つなど、愛すべき語り伝えもある。しかし狐については趣が異なる。

狐は、古来、稲荷の神の使いとする俗信とともに私たちの祖先は受け止めてきた。詳しいことは知らないが、御食津神《みけつかみ》である稲荷の神を三狐神《みけつかみ》とみなしたことによるとか、稲荷は稲《いね》生《なり》から転じて、五穀を司る倉稲魂《うかのみたま》を祀ったものであるので、稲荷信仰とは、倉稲魂神《うかのみたまのかみ》への信仰であり、元来は農耕信仰であったが、商業神、さらに屋敷神などとして全国的に広まったと言う。台所の隅の棚にお稲荷様の神棚が祀られていた家も多かったと思う。その総纏めのような存在が、『義経千本桜』の重要な場面でもある伏見稲荷である。さらに稲荷大明神は芝居の守護神でもあり、例えば、東京の歌舞伎座でも正面の脇に、立派に祀られている。

狸とは異なって、狐には恐らく何か超越的な力が備わっていると受け止められていたのであろう。『本朝廿四孝』（明和三（一七六六）年）の「奥庭の場」の八重垣姫は、狐が口から吐くという狐火に導かれ、諏訪明神から武田家に授けられた法性の兜に潜む狐の霊力に守られて、武田勝頼を救うために、湖を渡って行った。

## 乙

「葛の葉」と呼んでいる芝居は、正式には、『蘆屋道満大内鑑《あしやどうまんおおうちかがみ》』（竹田出雲他作、享保十九（一七三四）年）という五段続きの王代物で、御家騒動を扱っている（戸板康二『名作歌舞伎全集第三巻』東京創元新社一九六八年）、とのことであるが、現在でも歌舞伎で上演されるのは、四段目の「信太妻」の部分である。その伏線として、二段目では、恋人榊の前の死を嘆き悲しみ、狂乱に陥った安倍保名が信太の森を彷徨っている。清元を地にした舞踊「保名」が制作されたのはこの芝居とは別個に、三代目尾上菊五郎が文政元（一八一八）年に春夏秋冬を現す変化舞踊の春の部の一つとして踊ったからであり、現在にいたるまで踊り継がれているが、狂乱の保名が見事に描き出されている。「恋よ恋　われ中空になすな恋」と語りだす清元は切ないほどに美しい。

この保名の前に、信太の庄司の娘葛の葉が現れる。榊の前の妹である彼女は姉と瓜二つであり、保名と引かれ合う。そこに白狐が狩りだされて来る。傷を負った白狐を救った保名自身は瀕死の傷を負う。やむをえず立ち去っていた葛の葉がそこに戻って来るが、それは彼が助けた狐が人間の姿になって現れた葛の葉であった。保名はこの葛の葉に介抱されて助かり、狐とは知らずに、安倍野でともに暮らし、六年を過ごす。その間に、やがて安倍晴明になる、童子も生まれた。「安倍野機屋の場」という四段目は、ここから始まる。

舞台上手の機屋にしている物置からは、葛の葉が織る機の音が絶えず響く。遊びに出ていた童子が戻って来たのを迎え入れて、昼寝をさせると、彼女は再び機屋に入り、木綿を織りつづける。舞台には機の音だけが響く。

花道から娘を連れて旅をしてきたらしい夫婦の三人連れが現れる。信太庄司は悪人の讒言により、かつての所領を失い、いまは吉野に忍び住むが、死んだと思っていた保名が命を長らえて安倍野にいるとの噂を耳にし、妻と娘葛の葉姫を伴って、ここまで訪ねて来たのである。すぐにも保名に会いたがる娘をなだめ、六年もの間無音であった訝しさなどを、まず、問いただそうと、舞台下手の物置のなかで、休んでいるよう、妻柵《しがらみ》と娘を待たせる。

訪れて案内を請う声に窓を開けて姿を現した葛の葉を見て、庄司は驚き、一方、葛の葉は状況を悟る。庄司は表に飛び出し、妻と娘を呼び、機屋の窓のなかを窺わせると、たしかに葛の葉が機織りをしている。あちらにも葛の葉、こちらにも葛の葉と、三人が溜息をついているところに、保名が帰宅する。加茂の保憲に師事した陰陽師である彼は、天王寺や住吉で人の身の上についての占いをしている。それにもかかわらず、自分の妻が狐であることに、六年間気づかずに過ごしていた。保名としては、この妻に何の不満もない。だが、庄司と娘葛の葉姫の心のなかを考えると、思い悩むのみである。

葛の葉はただちに辛い決心を固める。「我は真は人間ならず。六年以前信田にて、悪右衛門に狩りだされ、死ぬる命を保名殿に助けられ、再び花咲く蘭菊の、千年近き、狐ぞや」と、身の上を振り返り、「手習い学問精出して、さすがは父の子ほどある、器用ものと褒められてたも」と童子の将来への望みを語る。だが、別れは寂しく悲しい。その辛さを「恋しくば、尋ね来て見よ和泉なる、信田の森の恨み葛の葉」と襖に書き残して去る。

しかし誰よりも恋しく辛かったのは狐葛の葉自身であったに違いない。この後に信田の森への道行きで、悪右衛門らの追手を逃れながら、家族への思いを胸に秘め、しかもその思いを自分で抑えて去る情景を見せてくれることもある。世間の柵と情の括抗した舞台である。

丙

狐葛の葉は女性であったが、男性の狐の代表は狐忠信である。三大丸本物の一つに数えられる『義経千本桜』（延享四（一七四七）年）は「狐千本桜」と呼びたいほど、狐忠信が活躍する。「義経」は、義経の「義」の濁点を取れば、「きつね」とも読める。暗黙のうちにこの点をも考慮にいれたのであろうとも受け取れる作者は、葛の葉の場合と同じく、竹田出雲他である。なお、ここで述べることは本書序幕の内容と重複するところもあるが、お許しいただきたい。

五段物として書かれたこの戯曲は、義経と謳っているが、必ずしも義経が主役ではなく、平知盛、いがみの権太、佐藤忠信（＝狐忠信）の三人がそれぞれの段の重要な役割を担う。この三人の間には直接の繋がりはない。したがって、それぞれの役を中心に独立した芝居のように演じられることが多い。この三人の性格も異なるので、合った役を選んで好んで演じる役者もあれば、何回かに分けてであれ、それぞれの役を演じきってみたい、という欲を役者に抱かせる内容でもある。芝居の内実から言えば、平知盛、平惟盛、平教経の三人を蘇らせた、平家追悼でもある。

歌舞伎では、その時の上演形態によって、幕の構成は異なるが、全体として見れば、まず序段の大内山で、後白河法皇の勅命として、「初音の鼓」が源義経に授けられる。兄弟同士を争わせようとする法皇からの、兄頼朝を打て、という謎として、この鼓を受け取った義経は、自分ではこれを打たない、と決意するが、この鼓が全体の基底をなす通奏低音として流れる重要な役割を果たす。ただし、大内山の場が上演されることは滅多になく、鼓の由来は折りごとに語られて知らされる。

序段では、この後、「川越上使」と呼ばれる堀川御所の場などが続き、義経と頼朝の不仲な状況が明らかになる。

二段目の中心は「大物浦」の知盛であるが、狐が登場するのは、二段目の口の「鳥居前」である。都には住んでいられなくなった義経は西国目指して落ち延びようと決意し、伏見稲荷を訪れる。従う供は亀井六郎、駿河次郎、伊勢三郎、片岡八郎の四天王のほか、義経から離れがたく慕う静と、堀川御所で義経の機嫌を損じた武蔵坊弁慶も、追って来る。静の執り成しで弁慶は供が叶うが、行き先知れぬ旅に女性が同行することは難しいので、静の願いは却下される。形見に初音の鼓を与え、供を願いつづける静を、やむをえず、梅の立木に縛りつけ、義経主従は祈願のために鳥居のなかに立ち去る。

そこに早見藤太が家来数人を引き連れ、姿を現す。おどけ役の彼は頼朝方の下っぱである。

静を木から離して連れ去ろうとしたところに、佐藤忠信、実は狐忠信がやってきて、彼女を救う。祈願を済ませて出てきた義経に忠信は、母の病気見舞いに帰国していたが、漸く本復したので、都に戻って来た旨を告げる。彼に静を託し、源九郎義経の名前と鎧を与えて、万一の場合には、義経の身代わりとなるよう命じて立ち去る。

静は嘆きながらも鼓を携え、都への道を歩み出す。その後を忠信が追う。この場の忠信は、義経主従が訝しく受け止めないのが不思議なほどに、「四天に仁王襷、「ししかわ」のかつらに火炎隈」（戸板康二『名作歌舞伎全集』第二巻、東京創元社一九六八年）という派手な扮装をしている。静が揚げ幕にはいるのを本舞台で見届け、その後を追って、両手を軽く握り、手首をしならせる狐手も見せながら、花道を狐六法で軽やかに飛び去る。見ている者にとってまことに楽しい幕切れである。

続く二段目の中にあたる「摂州渡海屋」とその切「大物浦」は知盛を中心にし、能の「船弁慶」を歌舞伎風に焼き直した内容の濃い芝居であるが、狐忠信は登場しない。

さらに三段目の「下市村椎の木の場」と「釣瓶鮓屋」はいがみの権太をめぐって展開される。「いがみ」、すなわち「いがんだ根性の悪」と人々に爪弾きされた権太の思いもかけぬ純情さと、頼朝という権力者の陰険さも描き出された舞台である。また、この作品が書かれたのは、江戸時代に鮓の店売りや振り売りが社会に馴染み始めた頃でもあり、作者たちの時代性や社会性も示され、世話物らしさを漂わせる面白みもあるが、ここでも狐は無縁であった。

丁

四段目にいたって、ようやく狐忠信が活躍する。見方によっては、知盛と権太には失礼かとも思うが、この二者は忠信が出現するまでのつなぎの時間稼ぎのようにも写る。「稲荷前」で静を託された忠信は、人々の噂などから、大物浦で船は難破し、義経の一行が吉野に向かったことを知ったのであろう。静の供をして、忠信の吉野山「道行初音旅」が清元（竹本と掛け合いになることもある）を地にして展開される。

吉野は花の名所として知られるだけではない。古くから修験道の根拠地であり、また、歴史的に見れば、大化の改新の後には古人大兄皇子が吉野に逃れた（六四五年）が、殺害され、壬申の乱（六七二年）の前には、天武天皇になる大海人皇子も吉野の宮に移り住み、その皇后で、後の持統天皇もしばしば行幸したという。歌人の西行も吉野に庵を構えたし、義経の時代よりも後にはなるが、後醍醐天皇が吉野行宮に籠もったことが、南北朝時代の発端になった。このようなことを思いめぐらすと、かなり険阻な山であったに違いない。現在では、ケーブルカーなどの乗り物を使い、観光地として花見の賑わいが伝えられるが、本性が狐である忠信はともかく、京都育ちの静は義経恋しの一念で歩きつづけたのであろう。

道行の幕が切って落とされると、舞台は吉野山の麓、遠見に桜が咲き乱れ、中央には一本の桜の大木が立つ。季節は梅から桜に移っていた。「恋と忠義はいずれが重い、かけて思いははかりなや、静に忍ぶ都をば、跡に見棄てて旅立ちて、大和路さして行く野路も、……」の清元に連れて、静が花道から姿を現す。本舞台にかかり、手にもつ紫の袱紗包みから鼓を取り出して打つと、忠信が現れる。彼の出は、役者の好みや解釈によって、花道のスッポンからのこともあれば、揚げ幕から何かに憑かれたように歩み出て来ることもある。この段階では、観客には、忠信が狐であることは、まだ明らかにされてはいない。

都からここまでの道のりで、忠信は静に付き従いながら、時には後になり先になりして、姿が見えなくなることもあった。そのような場合に静が初音の鼓を打つと、いつも、どこからともなく、彼は姿を現したという。この二人は主従であるが、義経を慕う同じ仲間として、恋人同志と見紛うほどに慣れ親しんでいる。桜の大木の前の切り株に、忠信が受けた鎧を置き、その上に鼓を飾って、義経の顔に見立て、その前で一休みしながら、忠信の兄継信の功績など、思い出話に耽り、やがて山にはいって行く。

行き着く先の「川連法眼館」で、はじめて人間の佐藤四郎兵衛忠信が現れる。本国出羽で母の死を見送り、自分も破傷風を病んで命も危うく、それでも頼朝義経不和の話が伝わり、無念の思いに苛まれたが、念願かなって本復し、辛うじてこの館に辿り着いた旨を報告する。彼が静を伴っていないことなど、義経には訝しさがつのる。そこに、静御前の供をして忠信が着いた、と申し継ぎがあり、静が来る。供をした忠信は隣の部屋まで一緒であった、というので、亀井六郎が探しに行くが、見当たらない。先に現れた忠信を静がよく見れば、着ているものなどから、同一人ではなさそうだ、ということになる。義経は亀井と駿河次郎には忠信を詮議するよう命じ、道中では鼓の音に連れて彼が現れたことから、静に鼓を打って、供をした忠信の詮議をするよう、申しつけて奥に入る。

初音の鼓の音に連れて、舞台の思いもよらぬ所から出現した忠信は、すでに観念して、まことの忠信の難儀にはならないよう、すべてを告白する。甲高く響く狐言葉で鼓の由来が語りだされる。それは人間の手前勝手な内容の話でもあったが、恨みなどはまったくこめられていなかった。

「桓武天皇の御宇、内裏に雨乞いありし時、この大和の国に千年劫経る牝狐牡狐、二匹の狐を狩り出だし、その狐の生皮を以て拵えたるその鼓、雨の神を諌めの神楽、日に向こうてこれを打てば、鼓は元より浪の音、狐は陰の獣ゆえ、水を起こして降る雨に、民百姓は喜びの、声を初めて上げしより、初音の鼓と号《なづ》け給う。その鼓は私が親、私めはその鼓の子でござりまする」(『名作歌舞伎全集』第二巻)。

この話に静が驚く暇もなく、忠信の姿が消え、縫いぐるみの狐になって床下から現れる。狐の話は続く。雨の祈りのために、両親を取られた時は、まだ幼くて、別れの悲しさも弁えなかったが、年を重ねると、親を一日も養わず、産みの恩を送ることもないので、六万四千の狐の下座につき、野狐と蔑まれていたが、親がいなければ、孝行もできず、頼みはその鼓であった。しかし禁中に留め置かれている間は、近寄ることもできない。義経に下しおかれたのを幸いに付きしたがって来たが、いま彼の耳には「私ゆえに忠信どの、君の御不審蒙って、暫くも忠臣を、苦しますは汝が科、早々帰れ」という両親の声が聴こえ、「元の古巣へ帰りまする」と涙ながらに親鼓にも暇乞いをする。狐は別れの悲しみに身悶えし、現れた義経を伏し拝み、振り返りつつ下手の柴垣に消える。

自らも親とは縁の薄かった義経は狐の話に深く心を動かされ、呼び戻そうと、静に鼓を打たせても、もはや音は出ない。「魂残すこの鼓、親子の別れを悲しんで、音をとどめしか」と静は打ちしおれる。と、再び狐が現れる。

この辺りから、狐は出没自在になり、壁、欄間など、あらゆる場所から出たり消えたりし、時には手摺りの狭い欄干上を歩き、最後に宙乗りをすることもあり、けれん味に観客が沸くこともあるが、しかし何よりもそこで表現される情の深さに注目したい。

狐を目にした義経が、静を守って供をした働きに報いるため、手ずから鼓を差し出す。「焦がれ慕うた親鼓、辞退申さず頂戴せん」と喜んで受け取るが、狐が再度現れたのは、吉野山の悪僧らの謀議を知らせ、義経たちを守るためであった。攻めてきた悪僧たち（＝化かされの衆徒と呼ばれるおどけ役）を相手に狐は立ち回り、最後に桜の立木に登って消える。

この後、五段目になるのであろうが、吉野山での大乱闘が付くこともあり、また、これを法眼館の場に続けることもある。狐火は燃えているが、ここに現れるのは狐忠信ではなく、まことの忠信であり、義経やその郎党とともに、かつての平能登守教経である横川覚範を撃つ。歌舞伎の通例にしたがい、討ち果たすのではなく、またの再会を約して、「本日はこれぎり」と幕になる。

見応えのあるこの芝居は、どう考えても、義経は狂言回し役にすぎず、狐忠信が主役であり、『きつね千本桜』と呼ぶべきだと思う。

以上のほかにも、歌舞伎に登場する動物たちは多種多様かもしれない。しかし動物探しを、さらに続行するよりも、このあたりで区切りをつけ、これまで見てきた存在について、作者たちが、なぜ動物に活躍させたのか、その意味について考えてみたい。

## 打ち出し

### 1

歌舞伎見物は、一般の素人にとってハレの場に赴くことであり、非日常である。客席には着飾った人々が多い。なかには凝った大島紬や結城紬などに綴れ名古屋帯で小物と合わせると、あまり品のいい受け止め方ではないが、おそらく数百万円にはなる衣服を身に着けていると算定できるような女性たちもいる。ただ、たとえどれだけ値が張るにせよ、基本的にこういった衣装は街着もしくは遊び着であって、正式な儀式や会合には不適切であり、そういう場合には紋付きを着用すべきである。こんなことを言うのは、特に何も語らなくても、その身なりから人々のその時のあり方が表現されているからである。正月や節句などの年中行事はもちろん、婚礼や葬祭など、それぞれに適した場を設え、それに適した服装を身に着ける。僧侶は衣を身に纏い、神官は狩衣を着用することで、初めて僧侶や神官になり、それぞれの勤めを完《まっと》うしうる、という。

舞台で活躍する役者にも、当然のことながら、日常生活がある。その時にどのような服装をし、素顔は色が黒いなどということを私は知りたくはない。ただし、先代の中村雀右衛門のように、舞台では見事な女形を演じるのに、休みの時にはカウボーイの出で立ちでバイクを乗り回していた、という人は別であるが……、残念ながら、その姿を私は見かけたことはなかった。しかし基本的に役者は芝居の扮装で観客である私をその世界に引きずり込む存在であって欲しい。役者は顔のつくり、鬘や衣装により、見るものに武士か町人か、姫か侍女かを見分けさせる。前の幕では町娘であった役者が、休憩を挟んで若衆役で登場しても、それなりに納得しうるのは、扮装とそれに適した身のこなしがその人物のその時の役割を表現しているからである。

このような人間存在を表現媒体とする芝居は、おそらく絵画に次いだ歴史を持ち、文字文化よりも古いのではなかろうか？　歌舞伎という芝居の起源についてはその専門家たちにより、種々の資料に基づいた実証的見解が表明されているが、そういった専門家とは無縁な素人である私は、ここで蟷螂の斧を振るって、歌舞伎芝居を人間のものの受け止め方や考え方を人間存在を媒介とした総体的表現として捉え、そこに言語により論理的に表現されるだけではない思想性、特に歌舞伎でいえば、江戸時代の庶民の日常性に見られる人生観、世界観を探りだしたい。

歌舞伎を見に行くことは庶民にとっては日常を遊離した一瞬のハレの場であっても、そこで庶民が共感し、拍手を送るのは、たとえ演じられているのが庶民の日常からはかけ離れた時代物であったとしても、そこに潜む日常性、すなわち、ケに潜む人間の嘆き、悲しみ、また、喜びが世代を超えて通有され、共感されるからであろう。それゆえにこそ、江戸時代の芝居が今に残り、時空の枠を超えて、人間の心に響く命を伝承しているのであろう。

これまで見てきたいろいろな芝居から、思想は言葉でのみ表現されうるものであろうか、という疑問が浮上した。言葉を表現するあり方にしても、動物にまで言葉を語らせ、芝居をさせる必要性、そして江戸時代以来のミュージカルともいうべき歌舞伎という芝居の言葉以外の表現形態、言葉を超えた表現形態の意味なども浮かび上がるであろう。こういった側面から、歌舞伎の舞台に多様な動物が登場せざるをえなかった理由の一端も明らかにしたいのである。

## 2

「初めに言葉があった。言葉は神と共にあった。言葉は神であった」とヨハネによる福音書は冒頭で語る。この後、奇跡によるイエスの生誕が続き、言葉は光であり、光は闇で輝くが、闇は光を理解しなかったとされる。だが、光は隅々まで隈なく世界を照らし果せたのであろうか、そうでないからこそ、キリスト教世界には悪魔も存在することになったのではなかろうか、という疑問を呈するのは、私が異教徒だからかもしれない。

「言葉」と訳した原語はロゴスである。人間は感じ取った内容、すなわち、パトスによる把握内容を他者に伝達しようとする場合、言葉すなわちロゴス的手段による場合が多いが、「心あまりて言葉足らず」という思いを抱くことも少なくはない。ロゴスが行き渡りえないパトス的世界を切り捨てたとすれば、何と、まあ、キリスト教は世界を狭く限ったものよ、と言わざるをえない。この思いを強く抱いたのは、例えば、アシュケナージ指揮によるNHK交響楽団の演奏でリヒアルト・シュトラウス（一八六四～一九四九）作「ドン・ファン」を聴いた時（二〇一六年六月）であった。

ここで私の耳に響いたドン・ファンは単に姑息な女たらしなどではなく、内から溢れる力の権化のようなすべてを包摂する存在として、男女を問わず、誰一人をも排除することなく、あらゆる人間を魅了していた。もしも、ドン・ファンが古代ギリシア社会の存在であったとすれば、彼は神々の神と敬われたジュピターのような存在であろう。しかしこのことを言葉で適切に説明せよ、と言われてもたやすく可能なことではない。また、指揮者のアシュケナージや演奏者たちが明確に意識したことでもなかろう。私一人の勝手な受け止め方に過ぎない、と非難を向けられるかもしれない。しかし演奏技術の巧みさを評価するだけが音楽の聴き取り方ではあるまい。響きわたる音が伝えるなかから、その意味を受け止める所に、演奏者と聴き手との対話が成り立つのであり、その対話の内実は聴き手の自由に委ねられて意味を膨らませるのである。

神である光に反する闇を排除しようとするキリスト教世界では、神の秩序に逆らったと見なされる存在は受け入れられない。その代表の筆頭がドン・ファンであり、さらに彷徨えるオランダ人とファウスト博士という中世末期に想定された人物像であった。彼らは光である言葉で肯定的に表現可能ではない世界、すなわち、ロゴスにたいする、もしくはロゴスを超え出たパトスの世界の存在であり、その意義を示唆しているのではなかろうか。十九世紀の思想家ニーチェが主張したのは、まさしくキリスト教の枠を超え出ることであったと思われるが、音楽では、意識的であるか、否かは別として、すでにモーツァルトが「ドン・ジュアン」や「魔笛」などで狭い枠を超える試みをなし遂げていた。そこに芸術作品の存在意義も見いだされると思われる。

## 3

言葉も多様である。一つの単語を取り上げても、一筋縄で行くとは限らない。例えば、「家」という単語が包摂する内容を考えると、一語で英語もしくはドイツ語に置き換えられるとは思われない。翻訳機械などでは、どのように扱うのであろうか？

表現の仕方によっても、意味は異なってくる。いい例ではないが、「馬鹿」という単語は相手を非難する意味をもつが、それでも大声で「バカ」と怒鳴る場合と、「バーカ」と語りかける場合では、状況は異なる。書かれた文字であれば、誰にとっても一様に意味を伝達するが、しかしそれが朗読されると、当事者の解釈によって伝わり方も異なる。

歌舞伎は言葉による脚本に基づくとはいえ、役者が言葉をどのように表現するのか、というところがその芝居の面白みを増幅する。いや、それだけではない。所作や背景、下座音楽などを含み込む総合芸術である。元来は文楽人形のために書かれた脚本に基づくいわゆる丸本物では、役者と竹本の太夫の語りが割りセリフになり、語りにのった所作も加わって、江戸時代以来の庶民が好んだミュージカルを形成した。

しかし明治時代以来の新歌舞伎は、シェイクスピア以来の西洋の近代演劇の影響もあって、もしくはそれにかぶれて、ミュージカル性から脱却しようとした。たしかに文学作品として見ても、優れた脚本が残された。真山青果の『元禄忠臣蔵』の台詞は、噛みしめながら読めば読むほど味わいが出てくる。舞台で見ても、演者にもよるが、素晴らしいと思うことが多い。しかし歌舞伎として見た場合、何かもの足りず、堅苦しさが残るのは、ミュージカル性が乏しいからであろう。スーパー歌舞伎はこの点を克服し、現代のミュージカルを目指した歌舞伎なのであろうが、問題はなにを表現しているか、そこにどのような意味が感じ取られるのか、ということであろう。派手に観客の目を引きつけているだけでは、いずれ立ち行かなくなるかもしれない。そうならないことを願っている。

いささか脱線した。ミュージカルであり、台詞だけではなく、所作や舞台の佇まいが重要であるところに、歌舞伎（いや、あらゆる芝居）は言葉を超えた内容をも表現しうる伝達手段であり、このパトス的伝達が、暗黙のうちに意図されていたのであろう。そこに江戸時代の作者たちは理性を人間のように狡知的に使用することのない存在として動物たちを登場させたのであろう。

**4**

鼠に始まり、十二支の存在たちだけでなく、さらに獅子や狐など、歌舞伎で活躍する動物のあらましを見てきたが、もちろん、このような芝居は例外であり、動物が登場しないで幕になる場合の方が断然多い。しかし、それゆえにこそ、なぜ動物が重要な役割を演じなければならなかったのか？　作者の意図を探ってみたい。

ヨーロッパにも、イソップ物語をはじめとして、動物が活躍する文学作品は多い。そのなかで、ここでは近世初期に書かれ、流布したとされる『狐ラインケ』（藤代幸一訳、法政大学出版局一九八五年）に目を向けて、狐忠信について考える布石にしたい。

ラインケは一匹の狐の固有名詞であり、ある種の狐の総称ではない。この物語に登場する動物たちは、人間社会のアナロギーとして、四つの階級の区別を示す。まず、一番下位の階級として、自分の能力を労働に利用する農民や手工業者など働く者たちが存在し、馬、ラバ、ロバ、牡牛などがここに属する。ここから次の上位三階級が派生した、と想定される。下から二番目の階級としては、手に入れた獲物で生計をたて、利益で暮らす市民や商人たちであり、リス、ハムスター、種豚、野兎、家兎たちとされる。下から三番目の階級を構成するのは、第一と第二の階級の存在に依存して生活する聖職者たちであり、その代表は狸と穴熊である。彼らには貪欲と姦淫という二つの大罪が設定される。四番目の階級は高貴に振る舞いながら、無遠慮に手を出しては奪い取るこの世の諸侯やいわゆるお偉方たちであり、狼、熊、大山猫、豹など、さらに、序列としてはやや劣るが、征旗騎士として狐、猿、犬もここに含まれる。ラインケは虚言と偽りでこの座に居座りつづけるずるくて悪賢く不実で狡猾な詐欺師である。なお、この四階級を統括する存在として最高の君主である百獣の王獅子ノーベルが君臨する。

人間社会の序列そのままに構成された状況のなかでそれぞれの動物が固有名詞をもち、欲望に基づく狡知と策略を操りながら、自分の利益を追い求めている。騙される側の愚昧さも批判の対象になるが、その正義の裁きの根拠とされるのが、十三世紀前半に騎士アイケ・フォン・レプゴウにより低地ドイツ語で書かれたザクセンシュピーゲルである（このあたりのことは藤代氏による解説に詳しい）。この刑事民事にわたって広く予想されるあらゆる事件や紛争にたいして詳細な規定が施された法は、グーテンベルクの印刷術の展開と相まって広まり、裁判をキリスト教会の手から独立させたのであろう。正義による裁きという観点から、聖職者批判も可能にし、文学の流れで言えば、騎士文学から教訓文学への移行を導いたのであった。いわば近代国家へ移行する道筋をつけたのである。

だが、ここに法による統治という観念が根底に置かれ、階級の区別に基づく秩序の樹立を目指す近代国家の理想が投じられているにせよ、国とは、という根本的疑問は見出されず、従ってその答えもない。国が先か、個人が先か、という基本的な問題に光を当てることなしに、愛国心などが主張されているのは、現在の私たちが生存するこの国の侘しい現状である。たしかに個人は既存の国のなかで生誕し、生きて、死ぬ。その限りでは、国があって、個人はそこに生存することになるので、個人よりも国が優先し、個人はその存在を国に届け出ることによって、その存在は客観的に証明されうる。

しかし太古の時代に目を向けてみよう。個人がいて家族を形成し、それが拡大しても、互いに理解しあい、申し合わせが行き届く範囲であれば、まだ成文法の必要はない。だが、まったく異なった部族と遭遇し、近隣に居住して交流がなされ、その範囲が拡大すれば、客観的に納得のいく理性に基づく申し合わせが必要になり、そこでは成文化もなされねばならないし、その維持のためには、国という枠組みも要請されよう。人間社会の拡大が多くの組織を編み出す必要を生み出し、そこに理性的秩序が要請されたのである。とはいえ、理性的秩序による組織が実現されれば、その秩序をいかにしてかい潜るか、という悪知恵を人間は働かせる。それを如実に描きだしたのが、『狐ラインケ』であった。

## 5

歌舞伎に現れた動物たちは理性的世界に閉じ籠もってはいない。鼠は本能のままに人間を愚弄し（「鳥羽絵」）、人間には手に追えない能力を操るので、妖術使い（仁木弾正）として現れた。芝居に妖術は付き物なのであろう。べたつく細い糸で巣をつくり、獲物を狙う蜘蛛は「土蜘蛛」として千年も大和葛城山に住み、相馬の古御所に住む将門の娘滝夜叉は大蝦蟇を引き連れ、妖術を使う（「将門」）。獅子や虎のように現物になじみのない動物には、作者は空想を交えてその大きさを賞した。牛や馬といった人間の日常のなかで飼われて利用されていた動物たちは、それなりの扱いを受けるに止まったが、犬や猫になると、犬畜生とか、化け猫というように、あまり好意的な扱いを受けてはいない。これは江戸時代の庶民の生活感情の反映であろう。こうして見ると、狐の扱いは独特である。

葛の葉にしても、狐忠信にしても、その行動の源は情である。この情は単にロゴスにたいするパトスといったものではない。西欧の近代思想世界では、究極的にロゴスは純粋理性として実践理性の導き手であり、積極的能動性として作用する。だが、パトスは身体的感性として受動的であり、その限りでは動物と同類であって、理性によって克服されるべき対象とされた。だが、パトスはロゴスによって完全に克服されうるのであろうか?

ロゴスは言葉になって対象を理解する。言葉は対象を明らかにするが、それはある対象を他の対象から区別することによる。その場合「わかった」という作用は、対象を他の対象から分け、「わかった」ところを受容し、それ以外を切り捨てる行動であり、行為者自身はその作業の外にいる。行為者がそこで身に受ける喜びや悲しみ、痛みなど、理性的把握を介し、さらに理性的把握を超越的に包摂した情が行為者を動かして初めて実感されうる。もはや、それはロゴスには止まらず、ロゴスを超え出た高次のパトスによる。言ってみれば、カントが『判断力批判』などで主張した「崇高性の感情」もしくは「絶対依存の感情」である。

人間は生きているかぎり社会内存在である。いかなる社会でもその社会性ともいうべきイデオロギーが庶民の行動規制として働く。理性が単に自分自身の立場を守るべく働く時には、その客観的視野はごく限られた範囲にとどまり、その判断は狡知を働かせ、自分自身の立身出世を図るべく、利口の法則として働く。しかし自分のやむにやまれぬ思いに動かされ、社会の枠を超え出た行動に走るとき、その胸を占めるのは、まさに絶対依存の感情ともいうべきものであろう。この内実は言葉としてのロゴスによって十全に表現されうるものではない。

効率のみを重んじ、速読が称讃される現在では、消滅した言葉であるが、かつては読書に際して「書物の行間をも読め」と語られた。まさにこの行間こそ、言葉で表現されうる内容を超越した何かを示しているのであろう。どのように読み取るか、ということはそれぞれの人の受容能力にかかっている。言葉以外の表現、もしくは言葉を超えた表現、すなわち音楽、絵画、演劇など、このすべてが人間の感情表現であり、そういった表現の根幹をなすものが庶民の日常性の生きた思想であろう。時代思想とは文章として論理的に書き残されるものだけではない。あらゆる人間の日常性の営みに潜む思いにこそ、その時代の社会思想が生きている。狐が葛の葉になったり、忠信になったりする摩訶不思議な話が受け入れられ、現代にまで名作として伝承されるのは、そこから受け止められる超越的共感が作用するからであろう。民衆思想は知的なトップダウンで育つものではない。

現在の私たちの社会で見失われているのは、まさにこの超越的共感の内実とも言うべき人間性ではなかろうか？　しかも歌舞伎では人間だけでなく、動物や樹木にいたるまで、生きとし生けるもの総体に及んで命の有り難さが主張されていると思う。他者の命を軽々しく扱うのは、自分の欲望に目が眩んだ人間である。誰でもが人間らしく生きられる世の中にしたい、と願わない人はいないであろう。個々の既存の宗教によるイデオロギーの対立を克服し、難民が地球上には存在しない世界の実現にたいする期待さえ、歌舞伎の舞台を楽しみながらも感じ取られるのである。

参考文献


名作歌舞伎全集　全二五巻　東京創元社　一九六八～一九七三年
長唄名曲要説　浅川玉兎　邦楽社　一九七六年
歌舞伎事典　平凡社　一九八四年
狐ラインケ　藤代幸一訳　法政大学出版局　一九八五年
日本廻国記　川村二郎　河出書房新社　一九八七年
十二支　吉野裕子　人文書院　一九九四年

## あとがき

まず、それぞれの幕の初出などを記させていただく。

『義経千本桜』の人物像　狐忠信を中心に　二〇〇八年　白壁　一三号
『助六』の謎　二〇〇九年　同　一四号
写楽と『忠臣蔵』一一段目　二〇一〇年　同　一五号
『源平布引滝』と斎藤実盛　二〇一四年　塔の沢倶楽部　八号
切手になった歌舞伎　二〇〇七年　白壁　一二号
歌舞伎に見る六歌仙の諸相　二〇一五年　塔の沢倶楽部　九号（未刊）
歌舞伎の舞台に登場する動物たち　江戸時代の庶民の人生観　二〇一六年　同　九号（未刊）

『白壁』や『塔の沢倶楽部』などの同人誌に投稿するために執筆していた段階では、一冊の書物に纏めることを考えてはいなかった。しかし年齢を重ね、もはやこれまでとの思いも高まり、最後の一冊として形にしたい、という欲が出た。従来のように未知谷の飯島徹氏にお願いしたところ、序幕から大詰にいたる歌舞伎本形式に編集してくださった。書物のタイトルも飯島氏のご発案にもとづくものである。

こうして外見上は一本の芝居のような書物に纏まったが、それぞれの幕は異なった芝居について勝手なことを書いているので、お読み下さる方はどこからでも、歌舞伎上演の「みとり」さながら、お好きなように開いた頁を眺めて下されば幸いである。加筆、修正は最小限にとどめた。序幕が狐忠信で始まり、大詰も狐が中心になったのも、私の関心が赴いた偶然に過ぎない。

思いかえすと、私が歌舞伎を楽しむようになって、すでに六十年あまりの年月が流れた。その間に鬼籍に入られた名優たちは多い。あの舞台を観ることができたのは、私の宝だ、というべき芝居も多いが、いまでももっとも心に印象を残してくれたのは、一九五六年一月の「熊谷陣屋」である。それまでにも数回は知り合いに招待されたりして、歌舞伎座などを訪れたことはあった。だが、そのような折りには、一階の上等な席で観劇できても、何となく落ち着かず、全体の華やかさが強く感じられはしても、それだけに、なおさら私とは異質の世界に来た、という思いが残った。

その頃は、まだ自宅にテレヴィもなかった。ラヂオの中継で「熊谷陣屋」を耳にし、たまたま来訪していた祖母の勧めもあって、その翌日、妹とともに、初めて身銭を切って、歌舞伎座四階の自由席から遙かな舞台を見下ろした。若かったので、舞台が遠いとも思わなかった。熊谷は白翁になった八代目松本幸四郎、相模が六代目中村歌右衛門、藤の方に八代目沢村宗十郎、白毫の弥陀六は二代目市川猿之助（初代市川猿翁）であった。いま思い出しても夢のような舞台である。だが、六代目尾上菊五郎、初代中村吉右衛門などの舞台を観ていた祖母など、役者がみな若くなってしまって、とラヂオ中継を聴きながら口にしていた。しかしそのころ活躍し始めた役者たちが長く私を楽しませてくれた。

歌舞伎は不死身である。私が長生きをしている間に役者衆は徐々に世代交代をした。多くの場合に親の名跡が引き継がれる。生まれた時からそのための御曹司として育てられる宿命を背負っても、本人が芝居好きでその才能があり、舞台での華がそなわっていれば、問題はない。しかしそうでもなかった場合には、悲劇である。このことは長唄や清元などの地方《ヂカタ》の名家についても同様であろう。観客としては、役に相応しくない俳優たちの芝居は御免被りたい。入場料は安くないのである。それでも見に来てよかった、と充分に心を満たされ、豊かな気分になって帰途につきたいと思う。

ここで勝手なことを言わせていただきたい。名跡の継承は芸を受け継ぐことである。しかし表現媒体を身体とする限り、たとえ親子であって同様の身のこなしを継承しても、そこから観客が受ける思いは異なる。やがて年功をつみ、先代そっくりとか、お祖父さんに似てきた、などと語られる役者も多いが、時には、親とは異なっても自分のニンにあった役柄に挑戦していく若手もいる。そのような人たちは、さらに、表現媒体である自分の身体的特徴を練り上げて深みのある芝居を見せてくれるところまで成長することも多い。

だが、役者の家に生まれても、本人が希望をしなかったり、体力がない、という場合もあろう。名前を継がせたい男子に恵まれなかった、ということもある。そのような時には、(私のような外野の一見物人が言うべきことではないが、)積極的に芸養子を迎え入れたり、また、名前で役柄を決定してしまうのではなく、脇役などであった役者にも、ふさわしい芸が備わっていると見る時には、主役も演じることが出来るようにして欲しい。現在、活躍中の役者衆には、そのような人たちもいる。可能性が認められる場合には、それまでは注目されていなかった名前でも大名跡になる機会が与えられるべきであろう。

芝居は役者だけでは不可能である。地方、もろもろの裏方（その人たちが充たされた思いで活躍しうる状況であることが望ましい）、上演を取り仕切る企業、さらに、部外の演出家や批評家、作者なども必要である。しかし、それだけではなく、私のようなまったくの部外者である観客も不可欠である。観客がいなければ、経済的に成り立たない、というだけではない。芝居に関わる多くの人々のなかで、何よりも楽しみを重視しているのは観客である。いわゆる芝居関係者という人々は観客が楽しんで劇場を跡にすることで喜んでいるのかも知れない。

問題になるのは、いかなる楽しみか、ということである。芝居が観客におよぼす影響は、残念ながら教室で教師が学生や生徒におよぼす影響よりも、はるかに大きい。芝居には観客の楽しみの質を向上させうる、という大きい教育的効果があることを忘れないで欲しい。芝居が観客の共感を引き起こし、その意識世界を拡大させることで、観客は受け止めたことを自分から積極的に考察し、自分の行動にたいする判断を、例えば、また芝居を見に来るためには、どのようにすればよいか、という直接的な日常的なことから、楽しみを誰でもが心おきなく楽しめる社会を構築するには、どのようにすべきであろうか、というところまで模索するようになりうる。観客は楽しみながら精神的に成長するのである。

楽しみは多様であるが、誰にでも楽しみは必要である。だが、時には、弱いもの苛めや、ひたすら優越感を追い求める競争意識に支配された屈折した楽しみとも言うべきことがらが見られる。個人であれ、国であれ、強者が弱者を見下ろしているのは、強者にとって真の楽しみであろうか。いつ自分が弱者に転落するかもしれない、という恐怖と表裏をなしているのではなかろうか。そのような窮屈な楽しみではなく、ささやかでもいいから、誰でもが安心して自分の楽しみを楽しめる社会を構築することこそ、私たち人間が絶えず努めることではなかろうか。

楽しみを楽しみとして育てることができる社会こそが、人間が人間らしく生きられる社会なのだ、と思う。何のために働くのか、なにを目指して経済的繁栄を図るのか。人間の精神的な豊かさとは何か。このようなことに思いを向ける時、はじめて楽しみの意味に思いを向けることも可能になるであろう。

そのような社会には戦争があってはならず、平和でなければならない。経済的にも、政治的にも、地球上が一体化したような現代では、一国内だけでの平和はもはや不可能であり、グローバルな視野で考察する必要がある。過去に遡って跡づけることが可能な人間の歴史には民族ごとに多様な恨みもある。それが現在の戦争の根源を形成しているとすれば、まず、その根を除去せねばならない。そのためには双方の話し合いによる和解以外には方法はない。テロを仕掛けてくる相手をすべて殺戮する、などという方法では、客観的に見れば、互いにテロを仕掛けていることになり、やがては地球上の人類の絶滅を導く。人類という存在がその程度のものであれば、それも致し方のないことである。だが、絶滅の前にとるべき手段もあろう。現在のテロが直接的に目指すのは、キリスト教社会である。テロの実行主体が、イスラムであるとすれば、発生した根は同一である。しかしながら根が同一であるがゆえに、恨みは深い。俗に兄弟喧嘩は他者との争いよりも、解決しがたいのと同様である。その和解に手を差し伸べられるのは、第三者的立場の思想に立つ国もしくは民族でなければ不可能であろう。なぜ日本の政治家や思想家がそのことをこれまで主張せず、積極性を示さないのか、という状況の理解に私は苦しむのであるが、しかし自分の国のあるべき形を示すこともせず、ただ、どこかの国に追随し、経済的に成りたてば、それでよし、とするような政治状況からしては、望むほうが無理かもしれない。このような駄文を書いていると、何でお前自身が積極的に表明しないのだ、と叱られそうだが……

誰でもが楽しみを楽しみとして楽しめる社会の実現を考えているうちに、かなり脱線をしてしまった。歌舞伎を上演する劇場は東京でもいくつかあるが、その中心とも言うべき歌舞伎座は、二〇一〇年五月から二〇一三年三月まで、休場して取り壊し、改築した。新開場を目前にし、新しい櫓が屋根に取り付けられた日に、私は転んで骨折し、四月からの華やかな開場公演を直接に楽しむことができなかった。だが、回復とともに、杖を手にしながら、折りごとにしぶとく劇場を訪れている。生きて動ける間は芝居を直接に観て楽しみたいと心より願っている。

最後に未知谷社主飯島徹氏に深く御礼を申し上げたい。失礼ながら飯島氏ご自身が楽しみの意味を充分に弁えていらっしゃる方であると私はお見受けしている。それはお父上様の御影響にもよることではなかろうか。飯島氏のお父上である飯島宗享先生には私は専門研究の分野でお世話になったが、先生がもっとも強調されたのは、文献資料などを細かく究明する作業を疎かにしてはならないが、それよりも重要であるのは、自分が何を主張したくて論文を執筆するのか、ということであった。自分が主張したいことに携わっていれば、その作業が辛くても、それでも楽しいのである。飯島先生から私は、楽しく研究することを、自分にとって真の楽しさとは何か、ということを教えていただいたのであった。

飯島宗享先生と飯島徹氏から、二代にわたって受けた深い恩誼に、ここに私が心からの感謝の念を記させていただくことをお許しいただきたい。

濵田恂子

二〇一六年十二月

## はまだ じゅんこ

1932年東京に生まれる。東京大学文学部独文学科・倫理学科卒業。同大学院博士課程（倫理学）単位取得満期退学。フンボルト財団研究奨学生としてチュービンゲン大学哲学科留学。文学博士。関東学院大学名誉教授。
著書に、『倫理学入門―倫理学についての対話―』『価値応答と愛―D.v.ヒルデブラントの倫理学』『キルケゴールの倫理思想―行為の問題―』“Japanische Philosophie nach 1868”『いのち―生命について考える―』（編著）『キルケゴール　主体性の真理』『歌舞伎随想　歌右衛門とキルケゴール』『二つの忠臣蔵―続歌舞伎随想』『死生論』『生きる環境の模索―苦悩する知―』『人間と倫理』（共著）『入門　近代日本思想史』などがあり、訳書にヤスパース『真理について3』シュルツ『変貌した世界の哲学』（共訳）キルケゴール『1844年の四つの講話』、『美と倫理』（共訳）ハイデッガー『ヘルダーリンの詩作の解明』などがある。

歌《か》舞《ぶ》伎《き》勝手《かって》三昧《ざんまい》

二〇一七年一月二十日初版印刷
二〇一七年二月 十 日初版発行

著者　濵田恂子
発行者　飯島徹
発行所　未知谷
東京都千代田区猿楽町二-五-九　〒101-0064
Tel.03-5281-3751 / Fax.03-5281-3752
〔振替〕00130-4-653627
組版　柏木薫
印刷所　ディグ
製本所　難波製本

Publisher Michitani Co. Ltd., Tokyo
© 2017, HAMADA Junko　Printed in Japan
ISBN978-4-89642-518-5　C0095